La pausa dels dies

Xavier Graset

LA PAUSA DELS DIES

Dietari de vivències plaents

La Campana

Paper certificat pel Forest Stewardship Council®

MIXT
Paper procedent de fonts responsables
FSC® C117695

Penguin Random House Grupo Editorial

Primera edició: març del 2023

Tots els articles han sigut publicats al diari *El Punt Avui*, a excepció
dels articles de les pàgines 42 i 214, publicats a *L'Econòmic*; i els articles
de les pàgines 29, 131, 171, 205, 220, 275 i 338, publicats al *Diari de Tarragona*.

Printed in Spain – Imprès a Espanya

ISBN: 978-84-19245-22-9
Dipòsit legal: B-855-2023

Compost a Aura Digit

Imprès a Romanyà Valls, S. L.
Capellades (Barcelona)

CA 4 5 2 2 9

A l'Anna Maria, al Bernat i a l'Anna,
veritable sentit dels meus dies

Índex

Estiu

Tardor

Hivern

Introducció

Fixaments. Tots en tenim, i cadascú els seus. Comparteixo amb tots vosaltres una part dels meus. Són les meves obsessions, són els meus temes, o una mostra, una part dels meus interessos que, o bé han evolucionat amb el pas del temps, o bé s'han enquistat i rebroten any rere any amb el pas dels dies, gairebé com si m'expliqués de nou. Hi ha un seguit d'idees en aquest llibre, de conceptes recurrents, que agafen nou cos al llegir-los amb el salt dels anys, veient aquestes idees persistents.

Aquest és un llibre que he anat fent a poc a poc, que he escrit aquests últims deu anys (són articles d'*El Punt Avui*, del *Diari de Tarragona*, de *L'Econòmic*, principalment), però que ha agafat cos amb la distància i amb l'agrupació temporal. Aquí trobareu el que podria ser el pas d'un any, però construït amb les capes de molts anys, des del 2010 fins ara mateix. Hi trobareu diferents plànols de l'actualitat, de les hores d'un mateix dia, on tant hi ha el fet transcendental que ha de capgirar l'escena política com la publicació d'un llibre, una estrena teatral o un plat a taula. Perquè cada dia al món tot gira de manera simultània, i els fets, tics, notícies, gestos, emocions, pensaments es barregen, s'alimenten i ens afecten amb més o menys intensitat.

Aquí hi ha la història d'un any, d'una dècada, de moltes vides, organitzades a través del curs de les estacions, encara que amb l'emergència climàtica aquesta divisió aviat se'ns quedarà als dits. I com a fons de tot, la voluntat de compartir aquesta mirada que ens reclama, com a contrast a les vides apressades en què ens encavalquem, o encavalquen, una certa pausa, que reivindica el fluir pausat de la vida, la que permet assaborir moments i que permet arribar a l'arrel de les idees i del coneixement.

Així que vas vivint, t'adones que és tan difícil això de transmetre el que vius, el que veus, el que sents. I mira que soc periodista, i mira que intento entendre els fets, les notícies. Per molt que ho fem cada dia, cada nit (ara al *Més324* del 324 i TV3), per molt que miris d'explicar en un àmbit més personal una cosa, un fet, una idea als teus fills, a la teva parella, als teus amics, hi ha tants aspectes que s'escapen que es quedaran a mig explicar.

I, afegit a aquesta dificultat de transferència, les preguntes s'acumulen: com ens comuniquem? Com ens expliquem? Amb quins referents? Sovint té més força qualsevol missatge de la xarxa, una imatge viralitzada, un *influencer* de l'altra banda del món, que no pas allò que ens expliquem en primera persona i cara a cara. La piràmide de l'autoritat, també en la comunicació, s'ha capgirat, tal com assenyalava Zygmunt Bauman fa uns anys, fet que marca els canvis de la societat líquida moderna.

A vegades penso que, si hi ha fets de la història política recent que hem viscut en primera línia i els sents després explicats amb un punt de vista contrari al teu fins al punt de pensar que no són els mateixos, com deu anar amb la història que ja no hem viscut? Sempre acaba depenent del punt de vista del qui t'ho explica, de la seva mirada i de la seva motxilla: de les seves creences, influències i pensaments. Sempre ha sigut important el relat i mantenir la pulsió per fer del teu el domini del present que acaba donant força a qui busca tenir la seva raó.

Ho escriu Fernando Pessoa al seu *Faust, tragèdia subjectiva*, editat per Edicions Poncianes:

> *Tot és misteri, i el misteri ho és tot.*
> *Tot és més que il·lusió; el mateix somni*
> *de l'univers es transcendeix a si mateix,*
> *i la comprensió, en penetrar*
> *obscurament l'essència de la il·lusió,*
> *roman sempre a un pas de veure bé*
> *fins a quin punt tot és il·lusió o somni...*

Hi ha tanta vivència que acaba sent intransferible, que serà viscuda per cadascú de nosaltres i que en nosaltres es quedarà. I no acabarem de saber si viscudes com a somni o com una pura il·lusió. Aquí trobareu moltes de les coses que, haventles viscut de petit, veient-les fer o explicar a la mare o al pare, m'han quedat gravades a la retina i a la memòria, que m'acompanyen sempre, i que em marquen en la manera de ser i d'entendre el món, de relacionar-m'hi.

És clar que no podem viure ancorats al món d'ahir, no poder plorar contínuament pel que hem deixat enrere, no ho podem sublimar, i sobretot no podem menystenir sistemàticament els canvis de present i futur.

Però tampoc hem de llegir el passat com un racó de mals endreços. La mirada cap enrere de l'àngel de la història, l'*Angelus Novus* de Paul Klee, el de Walter Benjamin, que a les cèlebres *Tesis sobre la filosofia de la història* acaba fent que aquest relat s'aixequi sobre els enderrocs, sobre la destrucció de la nauta material, genera un contrast sobre aquest mite del futur de progrés, que sovint necessita afirmar-se a través de l'oblit del passat, de la desmemòria.

Sense anar tan lluny, aterro al més planer, perquè el recull del pas dels dies que es reflecteix en aquest llibre entra en les petites històries del dia a dia: aquí trobareu terra, oliveres i avellaners, i aquí trobareu cuina, carxofes i bacallà, escarola i fideus, hi trobareu festes, Carnaval i el cicle de Nadal, i la Mare de Déu d'Agost, hi trobareu teatre i més lectures, hi trobareu calendari, trobareu allò que ens ha fet créixer, i com ha anat canviant tot plegat, i compto que, en certa mesura, també us hi trobareu vosaltres. Però insisteixo que aquest canvi de vida, que té a veure amb el canvi de model productiu, en el canvi d'hàbits socials, el de la fesomia de pobles i ciutats, amb canvis de composició sociològica, que té a veure amb l'arribada de les xarxes socials i de les noves tecnologies de la comunicació, afecta tota aquella altra manera de fer i d'entendre aquesta terra.

Carl Honoré, periodista escocès que ha esdevingut una de les figures de l'*slow movement*, lluita contra el ritme accelerat de la vida actual. Ja fa uns anys que planteja una revolució per anar contra la velocitat que ens sotmet a un ritme vertiginós i descontrolat. Defensa un viure més assossegat, més calmat, i això a tot arreu, a casa, a l'escola, a la feina, al gimnàs, a les fàbriques o als hospitals. Segons com ens pot sonar a luxe, a l'abast de molt pocs, perquè «quanta riquesa material haurem de sacrificar, tant individual com col·lectivament, per poder viure més lentament? Som capaços de pagar aquest preu, estem disposats a fer-ho?», es demana Honoré.

En el meu cas no és que demani aquest sacrifici, però sí que m'agrada saber i acompanyar el ritme de la natura. El temps de cada cosa. Aquesta lliçó natural, que ens donen arbres i animals, que ens recorden que sense esforç la cosa no rutlla. Que no podem fer créixer els arbres més del que ells van fent (per bé que la ciència estudiï com s'acceleren processos de creixement de collites i animals). Que hi ha d'haver una cura, que a cada moment hi ha una feina concreta, del regar al podar, a l'adobar, al netejar o al collir. Que no hi ha res ni automàtic ni gratuït.

Aquest és un dels fixaments: el que em fa acostar a la natura per entendre'n les passes. I que en aquests temps de canvi, en què la idea de progrés ha anat lligada a l'augment de la productivitat, a l'excel·lència i l'optimització de recursos i de temps, tot ha mirat de retallar minuts d'allà on sigui.

Per això, per parlar d'un dels exemples que trobareu al llibre, que podeu anar llegint pausadament, com qui en fa un tast, quan arriba el temps de l'oli, buscant el fred (aquest que ara hi és i no hi és), em remeto a les antigues maneres d'obtenir l'or líquid. Perquè ho lligo a la infantesa i a la manera de fer dels anys seixanta, abans no arribessin els nous mètodes d'extracció, que segur que vetllen més per la nostra salut i obtenen uns olis més purs i sense tantes impureses ni amb risc que les oliveres, que esperaven per ser premsades no es fessin malbé. Ara la premsada és instantània i polida, i molt més ràpida, però aquell tempo d'abans, aquell rodar de les pedres, era ben bé una altra cosa.

També hi trobareu com m'escandalitza que ens hagin deixat sense Carnaval o, més ben dit, que la realitat és tan emmascarada que el que en diríem «els poderosos» s'enfoten més de nosaltres que no pas nosaltres d'ells en els dies, aquests de Carnestoltes, en què se suposava que s'haurien de subvertir els papers.

Una altra font de neguit i d'inspiració ve dels fogons. La cuina m'apassiona! Menjar i cuinar. Possiblement perquè aquest és el llegat que també ens dona identitat. Pel llibre hi desfilen carxofes, nyàmeres, fideus (i la meva batalla perquè en parlem amb precisió, que una cosa és un rossejat de fideus i una altra una fideuà), escarola amb romesco, samfaina, arròs de festa, enciam, fruits saborosos, bacallà, caragols, el conill de l'Aleixar, pollastre a l'ast, tortells de Reis i de Sant Antoni, el braç de Fabiola, pa, la mona. La mona de pasqua té una pila d'aparicions perquè va lligada a una festa, a un ritual, i tot el que té a veure amb això més ancestral m'interpel·la. En faig seguiment. Pasqua, Rams, Nadal, el Tió, l'enfilar-se a la cadira a recitar, els Reis i la il·lusió de les joguines, l'Home dels Nassos, els Cavalls, Tots Sants, Carnaval, els Pastorets, tot el que són marques al calendari, crosses per avançar, excuses per celebrar, són benvingudes, i si a més tenen aquests solcs de reiteració, de repetició, de resposta escrita, encara m'hi fixo més.

I, al costat de tot això, hi ha una llista llarguíssima que va de Hamlet a Emili Teixidor, d'Enric Casasses a André Gide, de Sartre a Camus, de Ferrante a Aleksiévitx, d'Ovidi a Plató, de Faulkner a Joan Miró, de Picasso a Ramón Andrés, que diu allò que «no hem de buscar oasis, hem de buscar esvorancs»; del comte Arnau a Manuel Cuyàs, l'enyorat mestre Manuel Cuyàs, i a Espinàs, que diu allò que «la vida sempre escriu».

I la terra i els pagesos i el seu malson, obsessió estesa, la dels senglars com la personificació dels mals d'aquest present que ha descuidat alguna de les sàvies lliçons del passat, d'aquesta velocitat que ens ha fet viure accelerats, sense tenir la calma suficient per pensar que el bosc s'acaba menjant l'espai del conreu que has descuidat. La natura continua tenint la seva memòria; espero que amb *La pausa dels dies* també mantinguem una mica la nostra.

Xavier Graset i Forasté

PRIMAVERA

Proximitat

21 de març de 2015

La taula parada, l'olla fumejant i els gots mig entelats pel baf de l'escudella. És una imatge que agafo del darrer llibre de Josep Maria Esquirol, savi professor de filosofia i que de tan quotidiana gairebé hem perdut de vista. Tan curts de temps que gairebé no tenim esma per fer-ne, d'escudella. A tot estirar triem d'entre els brics de caldo ja preparat que competeixen per fer-se un lloc entre la nostra memòria gustativa. Josep Maria Esquirol ha publicat amb Quaderns Crema *La resistència íntima: assaig d'una filosofia de la proximitat*, i entre Derrida i Lévinas, Nietsche, Hanna Arendt o Jan Patocka, fa tot un elogi del tornar a casa i de la quotidianitat que atrapa. És clar que a les taules de casa amb la primavera a la bandolera, s'hi prepara tota una desfilada de productes que deixarà l'escudella en regressió. L'hort ens ofereix de tot. La proximitat que defensa Esquirol és el que ens dona sentit: la casa, la companyia, l'hort, la intimitat.

Contraposada al nihilisme, a l'angoixa o *La nàusea* i a l'existencialisme de Sartre. El gran projecte de vida passa per aquest retrobar-nos, per aquesta proximitat. Passa pel gest de fer una mena de plat fondo amb les mans, un bol. Un gest d'acollida, d'emparar. Tenint cura de nosaltres mateixos per oferir escalfor als que tenim a prop. Esquirol també proposa resistir i no cedir al dogmatisme i a l'imperi de l'actualitat, ple i pla. L'actualitat dissimula l'abisme, la resistència el mira de cara. Murmuri i demagògia, misèria de tota comunitat. Aquest és un present d'engany, insult i violència, tot allò que s'oposa al que és essencial. D'aquí ve la necessitat de parlar d'un futur millor. El futur que segons li diuen a la Maria del *Testament de Maria* de Colm Tóibín, interpretat magistralment per Blanca Portillo al Lliure, ha de canviar el món tal com l'hem conegut fins ara. I això esperem entre eclipsis, bèsties i sobirans, un futur millor construït des d'aquesta proximitat que dona l'escudella o un presseguer florit.

Rams

24 de març de 2018

Lluís Duch, antropòleg i monjo de Montserrat diu al seu llibre *L'exili de Déu* que «en el transcurs dels últims seixanta o setanta anys s'ha produït un gir copernicà en el si de les nostres cultures: el Déu *oficial* s'ha convertit en un Déu estrany, alliè, distant, i per molts fins i tot inexistent, com si es tractés del *deus otiosus* d'algunes tradicions africanes». Significa això que Déu ha deixat de tenir presència i eficàcia en la vida privada i pública de les persones al marge de les qualificacions que sovint, com gegantines lloses insuportables s'han carregat sobre Ell, i que ja no suscita l'interès de les societats del segle XXI?

Duch entra en l'àmbit d'aquest present en què Déu conviu en les nostres societats amb un egocentrisme i ingenuïtat de creure que només es fa present amb el concurs dels explícits legalment i culturalment sancionats de la nostra religió.

Potser podríem pensar que Déu només torna del seu exili, per Setmana Santa o per Nadal, i poca cosa més. Potser seguim els rituals de la Setmana Santa, buscant d'afermar la nostra veritat, els nostres referents culturals, el nostre patrimoni personal, gestual, social.

Rams és un d'aquests. És una de les fotografies d'infantesa endiumenjada. Dia d'estrena. De palma i palmó. De branca de llorer. Inici d'un cicle que tenint referent de mort, també el té de resurrecció, d'explosió de vida, allò que simbolitzen ous i mones. Vida a la fi. I alegria. Però no fos cas que se'ns oblidés el patiment. Exilis, i presons, i un seguici gairebé processional d'imputats que arrosseguen patiment extrem, això també és ara mateix la política catalana. Les limitacions que tenen els responsables de l'Església catalana per poder visitar els presos polítics a Madrid, semblen pròpies d'aquest camí de patiment. Caldrà veure si en algun moment, en aquests dos mesos en què corre el rellotge, hi ha un gir insospitat que es pugui comparar amb l'alegria que sempre duu afegida la primavera, les caramelles i la mona. Tornar a viure vaja. I no fer Pasqua abans de Rams.

Dissabte

26 de març de 2016

Saber que avui som Dissabte de Glòria em dona un cert confort. Corregeixo seguint Manel Cuyàs i en dic Dissabte Sant. Ell em fa notar que litúrgicament el nom ja el van corregir els anys cinquanta. D'entrada perquè el dissabte és un dia especialment agradable de qualsevol setmana de l'any. Potser perquè si tanco els ulls veig com espolsen un matalàs a les golfes de la casa vella. I com si això només passés en dissabte.

Però a més el Dissabte de Glòria, que lliga amb la nit de resurrecció, ja és l'avantsala de la mona. D'anar a buscar-la. De seguir el camí en espiral, que li agrada dir al professor Norbert Bilbeny, que segueix la vida. Res de línies rectes doncs. Espiral. Compto que aquest dissabte em doni color, que em trenqui el negre de dol d'aquesta setmana tràgica. Entre els accidents i els atemptats. Qui es fa amo de les vides de tanta gent? Qui carrega sobre les seves espatlles tanta mort? Acostumats com estem a saludar els dies, quan la tragèdia trenca vides, trenca rutines, i desvetlla protocols.

Les preguntes ens acompanyen de nou, al marge del crim dels sociòpates. Què ha fallat, si estem en prevenció, en alerta permanent? Si estem advertits que hi van, i que hi tornaran.

Assumim que el risc zero no existeix, que ells saben que l'efecte del dolor s'allarga i que la islamofòbia s'estén. Ho busquen. Mentrestant nosaltres ens perdem entre si n'hem de dir Daesh o ISIS, i si es pot parlar d'Estat Islàmic. Però com ens fa notar el filòsof francès Michel Onfray, Rabelais feia dir a Pantagruel: «Si els signes us amoïnen, com us amoïnaran les coses significades!». Els protocols que no van funcionar per Germanwings, o fins i tot la «gelosia» diplomàtica espanyola a l'accident de Freginals. Per això vull la llum i el color del retorn dels dies. Per això espero de manera especial aquest dissabte. Perquè també comporta un cant de vida. Un desig de renéixer. O potser és perquè vivim en espiral, mentre esperem estimar algú que no s'amoïni pels signes, algú que celebri les coses significades.

Temps

28 de març de 2015

Aquest 2015 tindrà un segon més. El 30 de juny, de manera automàtica, els rellotges atòmics afegiran aquest segon que compensa l'efecte de la rotació de la Terra. Des del 1972 ja hem afegit vint-i-quatre segons, i si no es fes així cada cinc-cents anys els rellotges tindrien un retard d'una hora. L'hora amb la qual jugarem de nou aquesta arrencada de primavera en què la pluja ens ha volgut fer veure que ja érem a l'abril o al maig. Girem les busques del rellotge buscant la llum, mentre els automatismes que es mouen per la xarxa compassaran aquesta matinada ordinadors, tauletes i mòbils.

És el temps accelerat d'aquest segle, en què el volem aprofitar tot, no estem disposats a perdre'l, i per això volem més llum i el segon afegit. Carl Honoré i el seu elogi de la lentitud no acaba de fer escola. Hem passat de sentir tocar campanes a la precisió més absoluta del que deu ser la imatge d'un instant: un segon.

I això aquesta setmana en què el temps, el rellotge, és a dir la vida, s'ha aturat de cop per les cent cinquanta persones del vol de Germanwings sinistrat. Una persona ha acabat expressament amb la seva i la del passatge que conduïa.

«Com un llampec caigué la vida, igual que una pestanya en un got d'aigua», escrivia el poeta rus Óssip Mandelstam. I mirant de superar el tràngol el temps fa un doble joc. El temps tot ho cura, és la frase popular, com de primers auxilis emocionals, per fer avançar el procés de dol. I per altra banda hi ha un temps que no tornarà per tots aquells que han fet estavellar. El seu temps s'ha acabat. I això que és el mateix que curarà els familiars de les víctimes. És un fet irreversible. Un whatsapp de l'amic Eduard m'advertia de la mort d'un tiet seu que viatjava en aquest avió. Un missatge que s'envia en un instant, com s'apaga una vida. El psiquiatre Ramon Riera, autor de *La connexió emocional* apunta que una desgràcia d'aquestes proporcions impacta sobre tota la societat i ens entrena la nostra vulnerabilitat. Com en som de febles, i com n'és de fugisser el temps.

El delta de l'Ebre, prou que diuen prou

28 de març de 2022

El Delta diu prou. Un cop més i quantes vegades més? Ahir vaig dir «Prou» sumant-me al crit de la gent del delta de l'Ebre. Un crit matiner. El canvi d'hora va fer que ahir fos a la barra del Trabucador a les onze del matí quan, si hi hagués anat dissabte, haurien estat les dotze del migdia.

Tant se val a l'hora que siguis al Delta que sempre et regalarà una estampa màgica, alguna imatge única, i a cada estació de l'any amb un canvi de color garantit pels camps d'arròs. A cada hora amb un punt de llum diferent que t'obrirà la mirada, a cada hora amb una immensitat de sentiments diferents mentre volen tota mena d'ocells. Però aquesta descompensació horària que ja sabem que sí que busca un estalvi que aquest any amb els preus de la llum deurà ser més agraït que mai (a banda del que vulgui acabar proposant Pedro Sánchez), els primers dies de canvi horari, i fins que no t'hi acostumes, a molts ens fa la impressió que fem tard.

Una impressió que al delta de l'Ebre està molt enquistada, per bé que tots aquests anys s'ha anat capgirant en les mentalitats de molta gent. Però de nou, una alerta, si abans era l'aigua, ara és la terra. I no serà perquè no hi hagi hagut avisos ni reivindicacions. Però anem tard. Fa dos anys i dos mesos del Glòria, i podeu començar a repassar què s'ha fet.

Quan aquests dies veia que les pluges queien a Ulldecona, em venia al cap el xàfec de les Cases d'Alcanar; i quan seguia plovent i el temporal trencava de nou, fa quinze dies, la barra del Trabucador, ja pensàvem en el novembre i en la Filomena i en el Glòria i la Cèlia i en totes les santes del santoral perquè totes s'entossudiran a recordar-nos la nostra fragilitat i la de la terra que trepitgem.

En temps de guerra, com la d'Ucraïna, amb un drama que afecta milions de refugiats, que genera mort, por, destrucció, i que suposa un capgirament del mapa de relacions internacionals, que altera els preus de combustibles, que tensa Europa, i tot el planeta, i que deixarà una ferida profunda al món, hem de recordar que nosaltres en tenim una altra de guerra.

I no només una. Moltes batalles obertes. Una altra lluita, si us estimeu més, i en aquest cas la que es plantejava ahir al matí, i que va de supervivència, que també vol evitar la destrucció, la d'una zona que ja hi ha qui vaticina que generarà els primers refugiats climàtics europeus. Víctimes de l'emergència climàtica sí, víctimes del temporal que transforma un espai, un patrimoni natural i humà que sí que pot rebre etiquetes de protecció nacional i internacional que llueixen molt, però que no s'acaben traduint en res efectiu ara mateix.

És com qui et dona un copet a l'esquena, i que si te'n donen uns quants més et poden fer perdre l'equilibri.

El Delta és canviant i dinàmic, sí d'acord, tots n'hem vist l'evolució històrica i hem vist com agafava perfils diferents. Però també sabem de quina manera l'aportació natural d'arena i de sediments que feia el riu, queda travat als diferents embassaments que ha anat fent l'home a través de la seva acció.

L'experiència i el coneixement científic d'altres zones humides, el que passa a altres països, com als Països Baixos, no es pot obviar, no es pot menystenir. Al contrari, s'ha de posar al servei de la gent que viu i que treballa al Delta, els qui hi volen seguir vivint i treballant, i que ara reclamen que l'enginyeria es posi al costat de les seves demandes. Que no volen assistir impassibles a un procés agònic, de veure com es perd la primera línia de costa.

Si hi ha un Pla Delta de la Taula del Delta, que s'executi, que s'hi posin els diners i que es tiri endavant. Cremats per les urgències, frenats per l'última emergència, potser sí que ens falta la vida i el dinamisme, característica física del Delta. Només cal que ens hi posem abans no torni a canviar l'hora, o pitjor encara, abans que s'aturi el rellotge.

Ben fet

30 de març de 2013

Si voleu menjar pa de poble heu d'anar a Barcelona. Vivim aquesta paradoxa que ha fet girar la torna. Abans la gent de la capital es refugiava els dies de lleure als pobles i poblets de Catalunya, i tornava a casa carregada de productes de la terra, i algun pa de pagès, d'aquells ben encrostonats, que no s'estoven al cap de dues hores d'haver-los comprat. La modernitat accelerada ha acabat duent als pobles un gruix de malentesos. S'ha estès arreu el que en diríem pa de benzinera allà on abans hi havia pa fet amb tot el temps del món. L'aroma sol del pa acabat de coure et feia mastegar en ple carrer, llesca, molla i crosta: la simfonia de les molles. Sé que soc injust perquè a molts forns la resistència al pa maquinat primer i al precongelat després ja permetia trobar la manera de fer perduda. Però és a Barcelona on tota una fornada (és clar) de joves forners ha aixecat la bandera de la qualitat i diversitat d'oferta, i que de retruc ha fet tornar als orígens, a la feina ben feta. És la pregunta que ens fem sempre que anem a França: com s'ho fan per tenir el pa i els croissants tan bons, si les receptes són universals? I ara Barcelona és la França xica pel que fa al bon pa.

Tornar a la manera de fer antiga és clau d'èxit. En música, aquesta setmana ha passat el mateix. Un veritable ídol de la música antiga ha vingut a dir missa a l'Auditori de Barcelona. Sir John Eliot Gardiner i els seus The Monteverdi Choir i English Baroque Soloists. La missa en si menor de Bach que pastada per aquest director genial de setanta anys feia remoure esperits i ànimes dels espectadors com pocs ho saben fer. Del silenci absolut a l'entrada precisa de tenors i sopranos joves i antics. I l'orquestra, amb clavicèmbal, orgue positiu i oboès. D'aquests, l'ampostí Josep Domènech. Professor a Girona i Tolosa, intèrpret amb Savall i Suzuki, entre molts d'altres. Domènech acostant-nos Bach, fet a l'antiga. Amb un so riquíssim en matisos, amb pianíssims tallant la fusta de l'Auditori. Música feta amb la calma i el neguit que trobem també en una bona llesca de pa cruixent. És allò que abans teníem tan present que vinculava feina ben feta, futur i país.

La plantació

3 d'abril de 2011

Catalunya s'ha plantat. Ha agafat cos *La ben plantada*. Fa cent anys que va aparèixer en forma de llibre, aquest seguit de gloses que Eugeni d'Ors publicava a *La Veu de Catalunya*, i que venien a ser una mena de guia espiritual i estètica per a la Catalunya del segle XX. En la figura de Teresa, s'hi projectava l'ideal físic i la bellesa moral que projectava el noucentisme. Ben diferent a la *Geografia espiritual de Catalunya*, on Artur Blade-Desumbila va recollir els pensaments de Francesc Pujols.

I tan diferents. El catalanòfil Henry Ettinghausen publica a l'Avenç que sota l'aparença d'una novel·la anodina, *La ben plantada* «Participa de nocions i actituds protofeixistes».

La Guerra Civil acabaria esqueixant el país, i la nostra geografia encara no se n'ha refet. És clar, molt lluny del dia, que crec que acabarà arribant, que els catalans ho tindrem tot pagat, pel fet de ser-ho. Encara no ha arribat l'hora, però mirem de dur sempre al damunt un mocador per eixugar les llàgrimes d'alegria dels ulls d'aquells que ens encaixin la mà, convençuts de tocar la veritat. I arribarà el dia que els revisors ens besaran els peus quan els diguem que no tenim bitllet però que som catalans. Som lluny, de tot plegat, perquè l'incentiu del 5 per cent menys pels bitllets de tren ens ha arribat més tard, i de moment qui paga som nosaltres. I contra la dita popular, aquí paguem però no manem.

Potser per això, l'últim malentès, el nou estira-i-arronsa entre els governs català i espanyol, ha acabat amb plantada. Que plantéssim cara, ens ho va deixar com a testament, ho demanava, l'enyorat Joan Solà des de les pàgines d'*El Punt Avui*.

Que plantéssim cara i sense maquillatge. Perquè la discussió d'ara és nova. Per bé que ens soni a una vella cançó: la de no pondre cap més ou i el sou que ens esclavitza. Si de cas, el sou no l'engeguem a fer punyetes, però sí que en l'actitud del govern central hi ha tics més propis de plantació que el d'un estat que ens serveixi. És per això que Mascarell busca un estat eficient i proposa el catalanisme deucentista. És per això que Mas i Pujol creuen que el que tenim no ens atén.

Plomalls

4 d'abril de 2015

Aquests plomalls de colors tan vius i cos tan esmerlit acaben cada any tots si fa no fa. Si passéssim per totes les taules de Catalunya a punt de desparar, allà on ja han encetat la mona, veuríem com fan jocs similars. Fan pessigolles, exploren els pavellons auditius de padrins i padrines, i giren en mans dels fillols com gira la tuneladora de l'L9. Fins es deuen moure a més velocitat i tot. Serveixen de passadors als cabells que, si no s'ha anat amb cura, empastifaran caps i dits de melmelada o de mantega si la mona és tipus Sara. Quan pugi l'engrescament els més petits miraran d'acumular el màxim nombre de plomalls a la mà, com els punts d'un concurs. I el groc, el vermell, el verd i el blau al puny tancat faran el cap del gegant Indi de Reus, un exotisme semblant als barrets de Carmen Miranda, o l'emblema del Google Chrome. I aquí en la cursa, en l'estira, els plomalls es començaran a quedar pels dits. Es desfaran com quan la canalla anava a afollar nius. Tret d'aquelles tietes que els salvaran per fer un coc ràpid disfressat de mona. Plomalls i sanefes de paper salvats pels pèls.

Els pollets de feltre tampoc viuran gaires hores. Les potes, els ulls i el bec de plàstic tenen un full de ruta clar i abandonaran el cos groc, mentre que la fruita confitada farà guàrdia damunt de l'últim tall. A mi m'agrada cruspir-me la pera i aquells talls de meló verd i en canvi, em costa atacar les rodanxes de taronja. La gallina, la pilota de xocolata sortida d'un motlle més de *La teca* d'Ignasi Domènech que no d'un curs de *cupcakes*, faran el trencadís. Trossos de xocolata que haurien servit a Gaudí per fer un drac o un banc, corren de plat en plat. Cop de ganivet a la figura i polze i índex sobre l'esvoranc han fet la resta. Amb l'esquena del ganivet, el gest mecànic de netejar les estovalles ens anirà bé per arreplegar les miques de l'ametlla caiguda de les vores de la mona. L'ou dur ja l'haurem esclafat al front d'aquell que s'abalteix. La mona ens haurà fet servei sereníssim de joc un any més.

Mona esmicolada

6 d'abril de 2013

Trossos, trossets, miques, molles, estelles de xocolata damunt la taula on les mones, les figures i els ous esperen el seu torn per ser empassats, com si fossin al corredor de la mort, el de la pena màxima. Dues forces combaten aquests dies les cases dels catalans: la de la cultura de l'aprofitament que mira de no llençar res del menjar que entra a casa, sigui dolç, sigui salat; i la dels que ja pensen que a l'estiu aniran a la piscina, i no volen anar més enllà en les estrictes llepolies que marca el calendari. És clar que com que tothom aprofita els dies de Pasqua per fugir de les rutines, hem arribat a perdre el ritual d'anar a buscar les mones a casa dels padrins quan toca: diumenge de resurrecció, per menjar-la l'endemà. I així veus desfilar sanefes, plomes i dolços pel davant i pel darrere de la data assenyalada. És aquest desfici en el qual vivim instal·lats, que passa per fer-nos ho tot a mida, valors inclosos. L'Espinàs, savi saberut que rebutja l'etiqueta sociològica, ho recull en el magne i magnífic compendi de part de la seva obra de columnista *Una vida articulada*: que la vida sempre escriu, i que és el temps el que esborra.

Però és que ara som nosaltres qui anem esborrant el temps, qui ens fem a mida el calendari. Ens mengem el món. Ens mengem la pilota de xocolata i la gallina ponedora, fent saltar amb els dits com a pinça, bé el fals cistell de vímet, bé el cuir que no es disputaran mai ni Messi ni Puyol. Ho fem mentre ens contempla un pollet de joguina a qui amb prou feines s'aguanten potes i bec. A punt de complir el somni de Cerdà, el de ruralitzar la ciutat, que aconseguim a base de senglars arribant al centre a carrera feta. En aquest desori de costums i natura que faria refer l'Amades, hi ha coses que ens aferren a la normalitat. I és que prínceps i princeses, com bé recorda Cuyàs, estan tocats d'humanitat. És allò que hem sentit alguna vegada: el rei és molt normal o la infanta és molt normal. No cal dir-ho, també ells salven els trossos i les molles, i a vegades tenen la temptació de quedar-se el pastís sencer, ni que sigui fora del costumari popular.

Serradures

7 d'abril de 2012

Les últimes mones acaben esdevenint serradures. Unes serradures de cereal, de farina, ou i sucre. A casa, una casa amb quatre germans i on s'acumulaven fins a vuit mones, d'aquestes últimes endurides pel pas dels dies en dèiem que eren com a bolló, un menjar espès del bestiar. Perdoneu que parli de mones en temps de vagues de fam. Des d'aquí tot el meu suport a la campanya de Jubilats per Mallorca: la denúncia pel tracte institucional al català a les Illes que va començar Jaume Bonet, a qui ha rellevat després de vint-i-sis dies Tomeu Amengual. Just ara que s'acaba la Quaresma i després de les abstinències, del dictat del bacallà i dels cigrons, amb l'arribada de la Pasqua torna l'alegria a taula, l'anyell, la mona i els ous, els durs i els de xocolata. És veritat que el mapa de la tradició de la mona, que els padrins donaran demà als seus fillols, és més el del Principat, el País Valencià i la Franja, que el de les Illes, per bé que hi va guanyant adeptes.

Per contra, si haguéssim de fer cas dels atacs de tota mena que la llengua catalana i els seus usuaris patim a qualsevol dels territoris on es parla, les vagues de fam s'haurien d'estendre com la flama del Canigó per Sant Joan. Els Jubilats per Mallorca que tenen més senderi i raó que els seus governants, com s'ha encarregat de dir el pare Massot, l'últim Premi d'Honor de les Lletres Catalanes, fan cadena en la seva peculiar protesta. Com fan cadena amb la mona de Pasqua padrins i fillols. És cert que la mona ha anat evolucionant amb els canvis socials i de paladar. Ara mateix conviuen estètiques i proporcions molt diverses. Les més esteses, les d'una base de pastís esponjós, fruita confitada, sanefes de mantega, paret d'ametlla i plomes de colors que acabaran fent pessigolles a més d'una orella o omplint de melmelada els cabells d'un indi de sobretaula. Les recuperades són les circulars amb més base de pa i amb els ous durs ideals per esclafar al front. I les mones de la modernitat que són, de fet, ous de xocolata o figures de motllo ovalat. I que són una opció ideal per resistir aquest pas dels dies. Les altres, a les cases on se n'arrepleguen moltes, s'aniran endurin, acabaran sent un bolló difícil de rosegar. Vaja, el futur que semblen prescriure els actuals mandataris mallorquins pel català, que sigui bolló.

Som?

9 d'abril de 2016

Hamlet, sempre Hamlet, més intel·ligent que el mateix Shakespeare com diu Harold Bloom. Al de Pol López i Pau Carrió i de tota la magnífica companyia amb qui el fan al Lliure de Gràcia, n'hi ha molta, de saviesa escènica i lucidesa. N'escric i mentre n'escric prego a Lluís Pasqual que la reprogrami la temporada vinent perquè amb tot l'aforament venut la malícia dels que no tenen entrades encara es pot disparar més.

I més per a aquest Hamlet de cambra, on la paraula llisca com mai, si fins sembla que de l'orella al cervell se't faci tot tan entenedor que a partir d'ara tot ho hàgim d'entendre amb la mateixa facilitat. Però no. Surts al carrer i tot i que aquest joc de miralls de la naturalesa que és el teatre, com es diu a l'obra, segueix funcionant, costa d'entendre el que ens passa. Mireu que a dins ressonen paraules i sentències que tenim incorporades com a crossa universal, com a veritats escrites a foc, com aquella «Alguna cosa està podrida a Dinamarca», o el clam del rei Claudi, el que ha mort el seu germà: «La pudor del meu crim arriba fins al cel». Surts al carrer i no és Dinamarca la que està podrida, no és només el crim de Claudi el que s'enfila per les parets; els papers de Panamà han eixamplat el descrèdit, han escampat crim i pudor a més de cinquanta països d'arreu del món. Putrefacció arreu. Corrupció com a paisatge. Ja fa temps que està escrit i que es representa, i a més segueix passant. I el ser o no ser? Som o no som, aquesta és la qüestió. La tragèdia del desig, la màscara de la bogeria que ens envolta, la disjuntiva entre el desig de revenja que instal·la la sang i la violència, la destrucció en una espiral contínua. I això al Hamlet escrit i al que s'aixeca cada dia en el relat dels fets. Sento Pol López immens dient «Ser o no ser», i em pregunto què se sent pronunciant uns versos que sap tothom i fent un recorregut marcat, com els carros que fan carrerades. Dir el vers, escoltar-lo i dur-lo a dins. Sortir al carrer amb el dubte, l'interrogant: som o no som?

Un país de lletres

14 d'abril de 2012

A les portes de Sant Jordi dos dracs, dos dragons de Komodo, s'han estimat al zoo de Barcelona. Guntur i Asmara han practicat sexe, han copulat, ella d'esquena a ell, durant dues hores. I han tingut públic, fotos i càmeres com el millor Nacho Vidal o la Silvia Saint. I tenen qui ho explica, el responsable del terrari Manuel Aresté donarà tots els detalls del coit a Roma durant un congrés internacional sobre rèptils i amfibis. Igual que va fer Marius Cabré i el seu afer amb la Pandora Ava Gadner a Tossa. L'esdeveniment històric per la comunitat científica rebla el clau: a més de llibres i roses, Sant Jordi i el drac també serveix per viure l'amor de manera explícita.

Tant és així que la Institució de les Lletres Catalanes convoca avui la ciutadania perquè expliqui amb quin autor o autora se'n van al llit, amb qui els agrada més fer-ho i que, com a mostra, portin un llibre seu al Palau Moja de Barcelona.

La jornada impúdicofestiva és en el marc de l'exposició *Un país de lletres* i de migdia fins a la nit planteja un seguit d'activitats per vincular lectors, autors i les seves obres, i a la pròpia Institució de les Lletres Catalanes. Que som un país de lletres, en tots els significats de la paraula, és sabut. Que n'hem vist de tots colors, també: els cent anys de Calders, Tisner i Sales, que també es recorden avui, ens en donen mostra. I les severes dificultats econòmiques que travessem en el present n'és una altra. Però la voluntat de ser i la força de persistència l'hem sabuda trobar en cada moment. Les lletres (literàries) ens han acompanyat en aquest camí. I ho han de seguir fent. D'aquí que el Pla Nacional de Lectura que promou el conseller Mascarell busqui fer créixer l'índex de lectors del seixanta-u per cent al setanta per cent, que és la mitjana europea. Perquè ens enforteix com a societat. Són percentatges d'un llibre a l'any, però ja se sap que l'ambició s'enlaira des dels fonaments. I ja que el país de lletres ve de lluny, deixeu-me que m'abeuri en l'autor que fa el sant dues vegades: Jordi de Sant Jordi, que com dragó de Komodo, escrivia versos «Destruït per l'amorosa tralla, malgirbat i brut de palla».

Vida breu

22 d'abril de 2017

«Perquè la vida és breu i l'enginy s'espaventa amb l'alta empresa». Francesco Petrarca i els 7.785 versos del seu *Cançoner*, traduït magistralment per Miquel Desclot, i que des d'aquest curs pot lluir i brandar la nostra literatura. Tota una estructura mental i amorosa. Tres-cents seixanta-sis poemes, que completen el cicle anual, i aquesta història d'amor i de penediment. Una obra que ha marcat la lírica occidental, i que va influir en Shakespeare, Leopardi, Mallarmé, Ungaretti, Celan, Riba o Foix. Potser també en el més prosaic *Poema* de Rafael Argullol que ha escrit un poema diari durant tres anys petés qui petés. En català tenim tres traduccions de la *Divina Comèdia*, quatre versions integres dels sonets de Shakespeare, el seu teatre. També amb dues joies de traducció, una del mateix Desclot a Proa, i una altra de Joan Sellent a *Núvol*, i teníem pendent aquesta incorporació cabdal del *Cançoner*.

Aquesta idea de la brevetat de la vida que poetitza Petrarca em fa pensar en la concentració de banderes que s'emboliquen en Sant Jordi. Aquesta gran manifestació cívica, ciutadana i gremial que amb el reclam de llibres i roses mobilitza un país. Tanta mobilització per la compra de llibres i flors ja va fer que els músics, a banda de Santa Cecília, repartissin la seva devoció amb Sant Jordi. Els pastissers no cal dir-ho que col·loquen una llàntia, o un pastís *ad hoc*, davant de cada imatge del santoral. Però aquest any fins i tot hem vist com, mirant de buscar en el pot de les essències del diàleg, Soraya Sáenz de Santamaria ha vingut a dir que la faran patrimoni de la humanitat. El joc de trens que va prometre Mariano Rajoy no funciona.

I també el pacte pel referèndum instal·larà un miler de punts de recollida de signatures per reforçar la seva exploració. I tantes altres causes i reclams que trobareu. I esperem trobar escriptors de tota mena, condició i nacionalitat, que prou s'han d'espavilar les editorials. Fem-ho breu, fem-ho fàcil. Que el calendari català tingui només un dia: Sant Jordi.

Tacte

23 d'abril de 2016

Sortir al carrer per Sant Jordi i amarar-se de fragàncies. De la de les roses i de la dels llibres. Deixar anar la vista a les parades i tocar els llibres, obrir-los, fullejar-los i que ens amari la seva olor. Ara que el tou dels nostres dits té l'hàbit de prémer pantalles, que aquest dissabte (i no només) el nostre tacte llisqui sobre les pàgines dels llibres. La meravella del paper i el seu diferent gramatge, les cobertes i les roses amb les seves espines i fulles carnoses, d'un roig encès. Sortir al carrer i enamorar-se. Empeltar-se de l'ambient festiu perquè la lectura sigui la continuïtat coherent amb el sentit de la Diada. I comprar llibres, perquè la seva sola presència a casa l'acaba transformant. Hi ha una mena de força de l'atzar que després em fa misserejar i saltar d'un llibre a l'altre. I ja sé que no me'ls podré llegir tots, per bé que sovint somnio recorreguts de lectura total. No voldria que em passés allò que denunciava de manera provocativa Llucià de Samòsata —i que podem llegir en l'excel·lent traducció de Sergi Grau a Adesiara— a *Contra un ignorant que comprava molts llibres*. Lluny de mi cap afany d'exhibició del que no tinc i, al contrari, busquem plegats el recer dels llibres per vèncer la ignorància, ni que sigui comprant-ne molts.

Llepolies de calendari

24 d'abril de 2011

El disgust que poden haver tingut aquest any els gremis de pastissers, llibreters i del ram de la flor, per les males passades de la lluna i la mobilitat de la Pasqua que ha topat en el calendari amb les parades de llibres, entren en el càlcul del risc. Per contrarestar-ho, els llibreters han estirat Sant Jordi tota la setmana. Però els floristes han perdut les vendes que, en un dia laborable generen els que volen fer arribar roses a les companyes de feina. Sort que la tradició de la mona pesa prou com perquè se'n venguin més de sis centes mil. Quina mala passada pel pastís de Sant Jordi, que juntament amb el de la Diada, intenta fer-se un forat en els hàbits llaminers del país. Si repasseu *La teca*, el receptari del manresà Ignasi Domènech, no els hi trobareu, aquests dos últims pastissos. I no per prescripció de Dukan, sinó perquè *La teca*, que es presenta com la veritable cuina casolana de Catalunya, queda un pèl desbordada. No només pels èxits dels germans Roca, que han tornat a situar la cuina catalana al capdavant dels rànquings mundials, sinó perquè està escrit fa cent anys. Hi tenen menú de festa l'Ascensió o l'Assumpció, però no el patró. Per cert, que entre les consideracions a la «reina de la llar» que fa Domènech, diu que «en una casa la dona és el ministre d'Hisenda i el marit, el contribuent, el qual mai no ha ser arruïnat pel ministre». Sembla que parli de política, i són afers domèstics. Potser caldrà buscar la via d'un bon tec, per resoldre diferències amb la vicepresidenta Salgado. El cas és que aquesta norma de celebrar la Pasqua el diumenge posterior a la primera lluna de primavera ha arrenglerat la farigola, els cigrons i el bacallà de Divendres Sant, amb el pastís de Sant Jordi, l'anyell rostit i la mona. I s'acosta la patrona de Catalunya, la mare de Déu de Montserrat, que a més del mató de l'àrea del santuari, ha inspirat les roques, uns dolços que imiten la muntanya màgica. Encara que posats a triar, dimecres m'agradaria més menjarme una bona pila de merengues. A veure si em poso de bona lluna.

Mut mot

25 d'abril de 2015

Arribar a Madrid els anys noranta i veure que molts bars tenien a la porta un cartell dient que servien vermut de Reus, va ser com una bufetada. Nascut a Vila-seca, feia una descoberta d'un producte que tenia al costat de casa i que la ciutat bressol no lluïa. La cosa s'ha girat com un mitjó. Ara a Reus hi ha un Museu del Vermut, que recupera la memòria, la dels Yzaguirre, Miró, Iris (De Muller) o els Rofes, una marca reusenca que ha transformat els seus cellers en restaurant. El Museu del Vermut acull la col·lecció de Joan Tàpia, la més gran que hi ha al món sobre aquesta beguda. I Vadevi.cat hi ha promogut el primer concurs Vinari sobre vermuts. Tot plegat confirma que després del gintònic, el vermut ha esdevingut tendència. Es recupera la tradició dels nostres pares i avis, i a més no cal estar en mans dels italians. Els vermuts catalans, de Reus, Falset, Batea, Gandesa, la Conca de Barberà, Tarragona, Barcelona (on fa cent cinquanta anys es va fer el primer: el Perucchi) permeten fer aquest ritual, assumit com un tic de modernitat amb els vins del país. Ara fer el vermut és *hipster*.

A Girona i a Olot, en la prèvia de Sant Jordi, han donat càrrega literària a la tradició dominical del vermut. I posats a jugar amb les paraules, de fa dos anys es fa el Ver Mot. Un certamen capaç de concentrar en una mateixa taula Petros Màrkaris, Rafael Chirbes, Luis Goytisolo, Jorge Herralde, Núria Perpinyà, Joan-Lluís Lluís, Marina Espasa i Mar Bosch, o Sorj Chalandon i la seva quarta paret, per esmentar una part d'un programa ambiciós i reeixit, aquest any amb l'eix de la ciutat com a font d'inspiració. Segur que l'esca del festival Mot ha animat els lectors a buscar i regirar entre llibreries i biblioteques. Un estil de vida que passi per buscar una terrassa, un bon sol, un vermut i fer-la petar sobre llibres, sobre el que està escrit i el que es va reescrivint, sobre els comprats, llegits o llistats, hauria de servir per aprendre a perdre's, tan necessari com aprendre a orientar-se.

Montserrat

26 d'abril de 2014

Al creuar els Alps per anar a estiuejar a Itàlia, les dames alemanyes tancaven les cortines dels seus carruatges per no haver de contemplar els agressius perfils de les muntanyes. Els Alps eren de mal gust per a la bona societat de finals del segle XVIII. L'anècdota, que va escriure la mare de Schopenhauer, la recull Rafael Argullol al seu llibre *Maldita perfección*. És clar que només una generació més tard l'art es va abocar a la natura. Fins i tot Richard Strauss va compondre la *Simfonia alpina*. No sé què haurien fet les dames alemanyes si haguessin hagut de passar per Montserrat. Vull creure que el seu magnetisme i singularitat de formes les hauria mantingut amb les cortines obertes. També Montserrat i les seves parets arrodonides ha generat art i literatura: Defoe, Mann, Verdaguer, llegendes, cançons, odes. La muntanya mística, epicentre espiritual amb la Moreneta, convoca demà a festa. Mató, galetes, i tomàquets en la cursa de telefèrics i cremalleres, excursionistes i degotalls. La mala consciència urbana sadollada en un paratge digne d'extraterrestres. De fet hi ha qui de nit s'hi concentra per fer albiraments d'ovnis. I això que tots en som, d'extraterrestres, perquè en la nostra composició hi ha aigua dels cometes que van caure damunt la Terra. Ho defensa el poeta, president del Conca, Carles Duarte i Montserrat. Ell que sempre mira cap als estels, la lluna, les nebuloses, galàxies i planetes, és també constructor del bon gust, a través dels seus versos. Connectat amb l'univers i amb la natura, el seu darrer llibre *Alba del vespre* ha rebut el Premi de la Crítica Catalana. L'*Alba del vespre* és el crepuscle, el moment culminant del dia, en què el sol s'ha post i encara no es veuen les estrelles. Alba i vespre, moments contradictoris que permeten que s'escoli *Le rayon vert*, el de Rohmer i de Jules Verne. Llum de magentes i turqueses, cel transparent, que en els versos de Duarte ens conviden a transcendir, sense cortines, tenint present el vincle que ens uneix amb la naturalesa.

Contra Sant Jordi

27 d'abril de 2013

Vivim la setmana de la patronal catalana. Hem passat Sant Jordi i ja som al dia de la Mare de Déu de Montserrat. A Sant Jordi encomanem llibres i l'Abadia de Montserrat conserva amb el número u dels seus fons de manuscrits el *Llibre Vermell de Montserrat*. És el seu llibre més mediàtic, en competència amb els de Teresa Forcades, la *beneta* més popular. Ha passat Sant Jordi i tornen velles polsegueres i al·lèrgies, fruit de llistes, gremis, rànquings i vendes. Si comprar llibres fes culte el qui els posseeix, la compra de llibres seria molt preuada. I a la Catalunya empobrida qualsevol festa comercial que remogui les teranyines dels calaixos és rebuda com pluja en temps de sequera. Encara que d'això darrer se n'encarregui més la Moreneta que el Cavaller. D'entre els que no apareixen als llistats, hi ha un títol que m'ha robat el cor: *Contra un ignorant que comprava molts llibres.* L'original no és ben bé d'aquest any, el seu autor va néixer cap el 115 dC i és Llucià de Samòsata. Però sí l'edició d'Adesiara i la traducció de Sergi Grau. El llibre també inclou l'opuscle titulat *Un intel·lectual sense cultura*, i en un i altre Llucià lamenta el joc d'aparences d'aquells nous rics sense formació que, a l'antiga Grècia, engreixaven la seva biblioteca per obtenir prestigi social i benefici directe. Compraven sense saber què adquirien i se les donaven de savis. Ara, després de la compra compulsiva de Sant Jordi (potser menys per la crisi), sentim el prec que es llegeixin els llibres. És clar que em ve al cap Walter Benjamin desembalant la seva biblioteca, una dissertació sobre el col·leccionisme de llibres. Allí recorda la resposta d'Anatole France a un hipòcrita que admirava la seva biblioteca i que li va preguntar si se'ls havia llegit tots. «Ni una desena part! Suposo que vós no feu servir la vostra vaixella de Sèvres cada dia!», va respondre France. Potser el primer pas contra la ignorància deu ser sentir pròxim el tacte dels llibres. És clar que el futur engega les biblioteques al núvol, i els núvols són més a tocar de Montserrat que no pas de Sant Jordi.

Corpus culinari

2 de maig de 2020

Va ser veure'ls en una botiga d'alimentació i posar-los al cistell: una malla amb cargols de granja. En aquest viatge pel paladar de la memòria que facilita el confinament, si és que el dolor, el patiment o la mort pròxima no ens ha paralitzat, molts haurem pogut fer un recorregut pel receptari tradicional, pel que es coneix com el corpus de la cuina catalana.

Ja sé que les granges de cargols i la seva comercialització fa molts anys que han desbancat allò que fèiem de petits després d'una bona pluja: sortir al tros amb el cistell a buscar-ne, ja fossin bovers o regines, ja fossin cargolins. Els recordo, aquests últims, enfilats en un brot de fonoll, arribant fins al darrer tram com si fossin un dels acròbates del Circ du Soleil o del Raluy, que van penjant les seves actuacions a les xarxes de manera regular. Però confesso que no n'havia comprat mai. A casa qui els cuinava era la mare, i en tot cas darrerament quan me'ls he cruspit a taula, ha sigut a la d'un restaurant.

Recordo el convit a una cargolada de Pere Castells, un dels nostres eminents científics gastronòmics, de Bellcaire d'Urgell, que ha escrit sobre com serà l'alimentació del futur, que va estructurar el departament científic d'El Bulli i de la fundació Alicia, entre molts altres esglaons de la seva carrera professional. Ell deia que la millor llauna per coure'ls amb aquesta tècnica és la del material amb la que es fan els senyals de trànsit.

I per molt que ens deixin sortir del confinament no em veig de trobar una ferreteria que me'n vengués una mostra, ni tampoc fent la bretolada d'arrencar un senyal, de manera que he optat per una llauna de forn. Els cargols em van venir de gust perquè a casa els fèiem molt bullits amb herbes i després enrestats en un escuradents i sucats amb allioli o romesco, i d'aquesta manera em vaig cruspir unes faves de gitano que em va subministrar el Jordi Sendra de Reus. Els camins del desig es poden seguir com el recorregut d'un cargol quan es resseca la bava que deixen mentre avancen. I ens fa mirar cap a la infantesa, allà on es fixava el gust. Aquest confinament, que ens dona més temps, ens permet recuperar fricandós, faves i pèsols, peixos amb romesco i tants d'altres plats, i ens fa adonar d'allò que no ens podem permetre ni de perdre ni oblidar, i que una simple picada il·lumina una cuina.

Seixanta-vuit

5 de maig de 2018

Una de les fotografies de Xavier Miserachs de l'exposició antològica que es pot veure a la Pedrera de Barcelona fins el juliol, em remet directament a un llibre que rondava per casa amb fotos sobre el Maig del 68, i que a mi em tenia magnetitzat. Aquelles ulleres dels antidisturbis francesos, més pròpies d'una anada amb moto, aquelles gavardines i uns cascs i escuts trets de la guerra de Troia, els dotaven d'una estampa que se'm feia si més no curiosa. Fotos, com les de Miserachs, amb aquests policies formant una línia, una barrera davant d'uns estudiants amb corbata i unes noies rosses, canores, que semblaven tretes del Bocaccio. I llambordes i llambordins, i pintades enginyoses, tretes del millor gabinet de publicistes, i les parets de la Sorbona, i Cohn Bendit. Tot atrapat en un llibre d'imatges en blanc i negre com algunes de les Miserachs. També n'hi ha en color. El color de les platges de la Costa Brava. Els meus germans, que són els que havien fet arribar a casa aquell llibre del Maig del 68 comprat a París algun any més tard, anaven a la capital francesa buscant clients per la Costa Daurada. Ja eren aquells temps pioners i previs al boom turístic, al gir, al tomb de la dictadura. De fet, d'aquell Maig del 68 del qual ara fa cinquanta anys sembla que aquí, amb el dictador actiu, ben poca cosa en podia arribar. El 68 de la primavera de Praga, de sacsejades posteriors a Itàlia, de la matança de Mèxic, de moviments als EUA amb la guerra del Vietnam de fons, va ser any de força pessics a l'ànima, que és el que fa una bona fotografia, una bona instantània. En alguna d'aquelles fotos del 68 parisenc, de mobilització d'estudiants i d'obrers, hi surt Jean Paul-Sartre, amb aquella mirada estràbica i una pipa, i al mateix prestatge hi tinc *La nàusea* i *Els mots*, entre d'altres títols existencials. I el salt d'aquells anys em reconnecta amb alguna de les idees de, per exemple, Pedro Olalla, que aquests dies explica el seu *De senectute política*. Parla de democràcia directa, de referèndums, de participació activa, de renda universal, de destituir càrrecs electes que no compleixin. I pensava que tot i els aniversaris, les revoltes no s'acaben mai, sempre se'n poden retratar de noves per molt que semblin les mateixes.

Panical

9 de maig de 2015

La flor del panical em fa anar de corcoll. He passat de no saber-ne l'existència a topar-m'hi en la lectura en dos dies consecutius. Primer va ser llegint la rondalla que va recollir Albert Jané i va il·lustrar Pilarin Bayés. La història d'un rei a qui fa mal la cama i que encarrega als seus tres fills que li vagin a buscar la flor del panical. Només el petit, generós i capaç de compartir una coca amb un nen afamat, obté el favor d'una velleta, que li dona l'herba curativa: un card punxegut. Els germans, engelosits, el maten per mirar d'obtenir l'herència del rei, vinculada a l'obtenció de la flor del panical. Però la veu del germà petit sona cada vegada que un pastor bufa una flauta feta amb una canya del lloc on l'han enterrat. Al final de la rondalla el petit acaba recuperant la vida i el pare acaba refent el malentès.

L'endemà se'm va aparèixer de nou el panical, i també amb un vincle mortuori. Va ser llegint els *Principis de botànica funerària de Celestí Barallat*, que va editar Adolf Beltran. Celestí Barallat, advocat, poeta de la Renaixença, també va ser regidor de l'Ajuntament de Barcelona i membre de la comissió de cementiris que va impulsar la construcció del de Montjuïc. L'home sistematitza des de colors fins als arbres adequats per als cementiris i Adolf Beltran, que es capbussa en la vida de Celestí Barallat (que per cert va morir el dia dels Difunts de 1905), recupera un poema on Barallat s'imagina que és un lepidòpter al cel de Montserrat «Feliç entre clavellets de maig, estepes i penicalts, en l'arbreda».

El panical o penicalt (així ho escrivia Milà i Fontanals explicant la rondalla), malgrat les ressonàncies funeràries, s'incorpora a les paraules que tinc vives. Tret que vinguin el ministre Wert i el Tribunal Suprem i la facin desaparèixer amb aquest cop de mort que volen donar al sistema d'immersió lingüística. Que, en clau botànica, aquest debat i el mateix ministre se m'apareixen com un canyot o com el gram, aquesta mala herba que costa tant d'erradicar, que ens empobreix mirada i llenguatge, sense lliris ni cards.

Verdaguer

16 de maig de 2015

«És una arada que arriba a tots los solcs». És Verdaguer qui ho diu, és el dimoni? Mossèn Pinyol, tortosí esprimatxat que feia exorcismes en presència de mossèn Cinto, aconseguia fer xerrar els dimonis. I Jacint Verdaguer en prenia apunts. Aquests quaderns han passat per mans d'Enric Casasses, que n'ha fet un llibre de fragments, de literatura fantàstica: *Dimonis*. Un dia de febrer de 1891, a Caldetes, a Verdaguer els dimonis li van ensofrar un got de llet, i això el farà cargolar de dolor. Entre aquests dimonis, i amb ganes d'ensofrar-nos la llet i de passar per tots els solcs, hi tenim aquests dies el ministre Wert. Forçats a una Renaixença lingüística cada cinquanta anys, com allò de bombardejar Barcelona. A Verdaguer li deuen xiular les orelles, just la vigília del seu 170è aniversari. És clar que ja no hi és, i és clar que hi serà sempre. Des de Folgueroles, el seu poble, on cada any organitzen la Quinzena Literària, aquest any capbussada en les biografies i en la poesia apresa de cor; i des dels seus versos, els de les epopeies *Canigó* i *L'Atlàntida*, i tot el gruix d'una obra que el fa poeta nacional de Catalunya.

És clar que «Si escrivís en castellà no tindria aquests problemes». La cita és de la marquesa de Comillas al traductor de

L'Atlàntida al francès, Justí Prepatx. És de quan Verdaguer entra en una crisi personal, pelat com una rata, excomunicat pel bisbe Morgades i expulsat de cals López, i acaba escrivint *En defensa pròpia*. Els Jocs Florals que tant l'havien premiat, li regategen l'honor quan hi presenta el 1896 *La Pomerola*. Anicet de Pagès va convèncer el jurat que presidia Narcís Oller que no tocava premiar-lo més, malgrat que en aquest poema es refà del seu drama. «Si hagués escrit en castellà», deia la marquesa i ve a dir Wert. El convit a deixar de veure el món amb mots catalans és constant, travessa èpoques i estils. Però ja ho diuen els dimonis: «No veus que la mala llavor ha arribat a l'ensenyança?».

Un joc de proporcions

19 de maig de 2012

Farem un pet. És el que van fer els dinosaures i tanta flatulència acumulada damunt la terra que els va acabar duent l'extinció. La ciència que ho estudia tot, o fins ara ho estudiava tot, i que té present l'efecte de les vaques australianes en el canvi climàtic, ha fet càlculs amb els pets i les llufes dels dinosaures del Mesozoic. Els sauròpodes, que pesaven uns vint mil quilos, generaven una quantitat de metà que esborrona. Els científics que han publicat l'estudi a *Current Biology* ho xifren en uns cinc-cents vint milions de tones l'any, i l'efecte del metà en l'efecte hivernacle és vint-i-cinc vegades superior al del diòxid de carboni.

Vaja, que els Picapedra, que els feien servir de cotxe, contaminaven més que tots aquells que embussaran demà els peatges de les autopistes catalanes sota la consigna del #Novullpagar.

Això ens fa veure una vegada més que els petits gestos són poderosos, com fa anys ja aventurava el capità Enciam. Tot arrenca amb petits gestos. La campanya que ha rescalfat el debat de les autopistes amortitzades arrenca en la indignació personal de Josep Casadellà, i s'ha anat escampant com una taca d'oli arreu de Catalunya.

Un gest innocent com penjar una foto de l'última costellada, ni que sigui un pèl borrosa, i dir que t'agraden quatre comentaris de les teves amistats al Facebook, han acabat de donar volada a la borsa a l'invent del joveníssim Zuckerberg. Vuitanta-dos mil milions d'euros, la capitalització prèvia més gran mai vista en la història borsària.

Una espurna, i mira que n'és de petita, ves a saber amb quin origen, ha provocat una de les primeres desgràcies forestals de la temporada. El foc de Rasquera no ha cremat cap plantació de maria, però sí que ha devastat més de tres mil hectàrees de bosc a les serres de Cardó i Boix.

Una mirada, que és un instant, i el desig, el sexe, es precipita i corre com en una gran cascada, una gran ronda, entre David Selvas i la resta d'equip a *L'habitació blava* al Romea.

Un zero, que no és res, deixa penjats més de vuit mil catalans amb discapacitat, aquests que demà volen omplir l'Arc de Triomf de Barcelona, perquè volen seguir treballant.

Aquests que deuen ser línia vermella del nostre tocat estat de benestar. I és que també una línia comença per un punt, que és com un petit gest. Imperceptible, insignificant. Un pet.

L'ou de fusta

22 de maig de 2021

Remenar idees com qui va remenant parells de mitjons al calaix rebotit. Acabar de trobar aquells que millor s'escauen al dia que tens acabat d'estrenar. I passa que en aquest moment de l'any, segons els que t'acabis posant, els peus poden acabar rebollits. El canvi d'armari té un punt crític, en el meu cas, amb els mitjons. Soc dels que creuen que els constipats comencen pels peus. Fora de bases científiques, segurament, només guiat a les palpentes per la malaptesa secular. Per idees tronades, arnades. Com aquells mitjons que recosia la mare si se'ls feia un préssec. A la capsa de cosir que tenia la mare hi havia aquell ou de fusta que ens devia enlluernar a tots quan no teníem ni Fortnite ni cap altre opció de videojoc. De fet, quan jo era petit (i soc vacunat recent de primera dosi de Pfizer) només hi havia un parell de televisors en tot Vila-seca, poble de nou-centes cases. Per tant, aquells ous de fusta que hi devia haver a més capses de cosir que no pas televisors, eren un objecte curiós que, a més de servir per sargir millor, acabaven en mans de la canalla que el volíem fer aguantar dret damunt d'una taula. I aquell ou queia, tombava i rodolava. La intel·ligència artificial ja deu haver trobat alguna cosa millor que aquells ous humils, veritables joies que feien punta als de Fabergé. L'algoritme aviat ja ens farà arribar a casa, encara que no els hàgim demanat, un parell de mitjons nous de trinca que evitin el reciclatge. Però remenar mitjons al calaix és el que em sembla que fem a vegades remenant idees i pensaments com, per exemple, els d'Epicur. Jordi Cornudella, un dels grans savis de present, va traduir en el seu moment —i ara Vibop ho ha reeditat— *Sobre la felicitat, 40 màximes capitals* i *una carta a Meneceu*. Allí s'hi diu que sempre hi som a temps, que aspirar a la saviesa no té edat, que el que «Cal, sens dubte, és que ens ocupem del que ens fa feliços, perquè quan ho som ho tenim tot, i si no ho som ho fem tot per ser-ho» Sigui remenant velles idees o mitjons nous. La felicitat en les petites coses.

Calent i fred

23 de maig de 2015

«Les institucions són fortificacions, ben planejades i proveïdes», deia el filòsof social, teòric del liberalisme i defensor de la societat oberta, Karl Popper. Els ajuntaments com a institucions són llocs on es fa política, on es prenen determinis sobre la nostra vida econòmica, social o cultural. És clar que hi ha vida en altres llocs de les ciutats i pobles. O en els «no-llocs» (*non-lieux*) que descriu l'antropòleg francès Marc Augé. Punts de confluència, provisionals, com ara la plaça d'arena on es forma un mercat, on s'acumulen parades o s'exposen els productes a terra mateix. Un espai que no necessita instal·lacions, amb una porxada n'hi ha prou, o algun rafal. Una altra estructura provisional i moderna són els aeroports, els ports, les estacions, les benzineres, els aparcaments, els polígons. O les estacions d'enllaç del metro, allí on conflueixen rodalies, regionals o els llarga distància, amb els vols internacionals o domèstics. En aquests «no-llocs» hi ha vida, hi ha moviment, d'aquí surt l'energia dinàmica cap a pobles i ciutats, mentre que sovint a la institució fortificada tot té una certa forma definitiva. M'engresco en la lectura de Karl Schlögel, professor d'història d'Europa de l'Est a Viadrina, que aquest any ha publicat *Terror y utopía. Moscú en 1937*. Un llibre deliciós, malgrat que parli del gran terror de Stalin. Prova de servir-se del *flâneur* de Walter Benjamin o de la tècnica del muntatge d'Eisenstein com a eina descriptiva, i veu que no li serveixen per parlar d'aquella destrucció humana i de la ciutat. En un llibre anterior, *En el espacio leemos el tiempo*, Schlögel parla de com canvien les ciutats, de com hi podem llegir el pas del temps i les conjuntures econòmiques. I de llocs calents i llocs freds. Una societat freda seria una autodescripció, mentre que una societat o ciutat calenta fa valer el món exterior, la natura, les xarxes de ferrocarril, els carrers, les autopistes, el paper, el so, per expressar-se. Demà ens mourem entre fred i calent.

El concurs

24 de maig de 2014

Per poc que no m'agafa un cobriment de cor pujant pel carrer Llibreteria de Barcelona. Vaig veure en una botiga a tocar de la plaça Sant Jaume un fogonet de carbó d'aquells que són de fang i reforçats amb unes làmines de ferro. «Abans no hi havia barbacoes», em va dir el venedor. De petit, a casa, aquell fogonet feia de cuina. Era l'època dels cromos a les preses de xocolata. Em va venir la imatge d'un corb que perdia un tros de formatge del bec, que il·lustrava una faula d'Isop. Ara que ja soc grandet, amb cuina de gas, i resseguint la Bernat Metge, bado en la del clau que forada violentament una paret, on el clau li explica a la paret que el culpable del seu dolor no és ell, sinó aquell que dona cops a la cabota. I aquí podríem dubtar entre el martell i la persona que el fa anar. El foc portàtil i la força d'un martell se'm presenten com a exemples rudimentaris i quotidians de l'enginy de l'home. Ara el govern britànic, amb l'ONG Nesta, el tornen a posar a prova en un concurs que recuperen del 1714. El Longitude, dotat amb deu milions de lliures, per premiar qui resolgui un dels grans problemes de la humanitat. I pot ser des del problema de la fam, o l'aigua al planeta, o la mobilitat sostenible, fins a la resistència als antibiòtics o com ajudar les persones amb demència a guanyar més hores de vida independent. El 1714, amb vint mil lliures de premi, el fuster John Harrison va descobrir amb un sistema de rellotges com es podia calcular la longitud d'un vaixell dins a mar. Aquí el 1714, com ja saben, no estàvem per gaires concursos. Els problemes ens els creaven, i fa tres-cents anys que estan pendents de resoldre. Ja veurem si l'Europa en joc és capaç de dir coses diferents passada la cita de demà. Dependrà dels resultats. I podrem determinar qui clava el clau a la paret i si el nostre és un foc d'encenalls o de carbó. Per saber si hem avançat. Necessitarem ciència política, que sovint sembla ciència acrobàtica, com la que dominen els genets al circ quan salten d'un cavall a l'altre.

Solcs

25 de maig de 2013

L'agulla comença a lliscar pels solcs de vinil, pel camí de la sínia musical del disc de vinil. Espetega com l'arada que fa saltar pedres mentre remena la terra. El Cosmos de maleta és on hi havia l'agulla que feia sonar el disc de George Moustaki, que ha deixat solc en la memòria musical. Els CD es van endur aquell cruixir orgànic i en un llarg degoteig van desapareixent els músics i cantants que vam conèixer gràcies als vinils. La seva rialla franca, brillant en la portada d'aquell disc, ha estat també en els avatars, en les fotos de tots aquells que han piulat i repiulat fragments de *Le métèque*. És un solc diferent, és un cruixir diferent. L'hem tornat a cantar, fent anar la gola enrere per poder dir amb bona pronúncia que aquell era un jueu errant. El seu adeu ha fet recuperar presència al francès a la xarxa, i les seves cançons han tornar a sonar a emissores de ràdio i televisió. El solc de la memòria s'ha remogut gràcies a la força evocativa de la música. Ens fa renéixer. Marina Rossell ha reviscut les hores i cançons compartides amb el cantant d'Alexandria. La música ens ha regirat el cervell a tots plegats. A mi m'ha vingut al cap la imatge d'un bany de mar que vaig compartir amb Moustaki a la platja de Sant Salvador, al Vendrell. La platja de Pau Casals també va ser platja de Moustaki. Ell actuava a la vila i jo, que començava, el vaig entrevistar per Ràdio Salou, emissora de la SER, com més tard faria per Catalunya Ràdio, però sense bany marítim. Va ser curiós, poder combinar entrevista i bany improvisat. El meu peu girava i solcava l'arena de la platja imitant un tocadiscs a trenta-tres revolucions. I entre els solcs em ve el record del Col·lectiu Llibertari de Vilaplana (Baix Camp) que fa trenta-tres anys el va convèncer per actuar i va organitzar un sonat concert en aquest petit poble, que de petit ara deurà quedar despullat d'administració. Solcs del temps. Quins viaranys segueixen els records, que es desplacen estranyament com si fossin *le métèque*?

Fragilitat

31 de maig de 2014

Com una figureta de vidre, com la banya d'un unicorn de vidre, la fragilitat ens acompanya en cada una de les nostres passes. Pot ser una altra manera de parlar de la moderna societat líquida de Bauman o dels valors tous, la fragilitat marca les hores. La figureta és la que llueix a *El zoo de vidre* que va escriure Tennessee Williams i que dirigeix de manera brillant Josep Maria Pou al Teatre Goya. Tensió i fragilitat en les relacions d'aquest quadre familiar que presideix Amanda, la mare que fa Míriam Iscla, els fills Tom i Laura, Dafnis Balduz i Meritxell Calvo, i Peter Vives en la pell de Jim el pretendent. Una família abandonada pel pare, el pes d'una mare sobreprotectora i la coixesa de la filla. Un quadre dramàtic, amb relacions que es trenquen. Un clàssic que a Tennessee Williams, al 1944, li va valer la fama. Del retrat d'aquella fragilitat en va treure un benefici sòlid. Gairebé com en un efecte rebot.

Aquests dies en què Barcelona, especialment els seus joves, es mou entre el Primavera Sound i el Primavera Sants, etiqueta que ha fet fortuna a la xarxa, la fragilitat sembla covar totes dues concentracions, de signe contrari i absolutament radical. De fet, són models alternatius i oposats. El de Can

Vies, i el moviment ocupa que explora una altra manera d'entendre no només la societat, sinó l'oci i la cultura. I l'altre, un festival musical que concentra masses a cops de caps de cartell de ressò planetari i que genera un flux econòmic que fa del consum cultural una indústria, un negoci. És clar que dins dels festivals sempre hi ha qui fa música amb la idea de trencar la convenció, de sonar fora del sistema i les modes. Una altra cosa és la violència, una esca que es desencadena com un xoc de legitimitats d'actuació. Filòsofs com l'eslovè Slavoj Zizek, autor de l'assaig *Violència*, diuen que en el discurs del políticament correcte s'amaga una extrema violència. I potser amb la mateixa capacitat de combustió. Caldrà trobar un discurs que ens n'allunyi, fràgils com som.

Omplir el buit

1 de juny de 2013

Buit. Em sento buit. Però com que no soc ni Pep Guardiola ni Ferran Adrià no em puc agafar un any sabàtic: no tinc el luxe de plegar veles i refer el meu refugi interior. No em puc llogar un pis a Nova York, ni omplir auditoris per molt que em senti buit. Només uns pocs escollits d'entre els nostres líders socials poden reforçar el seu lideratge abandonant els seus projectes d'èxit, la banqueta del Barça o El Bulli. Ells marquen un nou camí, i tant l'Àngel Castiñeira com el Josep Maria Lozano ho han estudiat des de la seva càtedra de Governaça i LideratgeS d'ESADE, i sí, marcat tipogràficament, tant la *l* com la *s* majúscules, per reforçar aquesta idea dels nous lideratges compartits, a diferència dels líders del passat on l'ego era un joc de construccions. Em sento buit i he de pagar els gintònics a preus de llenguado, mentre a la barra dels Diputats els ho posen a preu de *botellón*. Les senyories ho tenen fàcil per oblidar totes les reformes que abocaran a tants anys sabàtics forçats. Les exigències de Brussel·les per complir l'objectiu de dèficit a Espanya acabaran tenint regust de gintònic subvencionat. Què hi pot haver més buit que això?

La figura del vuit em persegueix, d'ençà que el fotògraf Fèlix Tutusaus decidís, després que li diagnostiquessin Parkinson, fer una tanda de retrats amb el 8 dibuixat. El millor disc de l'any, el d'El Petit de Cal Eril, també es titula *La figura del v/buit*. I damunt la taula tinc el llibre matemàtic de David Foster Wallace, una breu història de l'infinit, amb un vuit ajagut a la portada. (Per cert espero que Edicions del Periscopi corri a traduir-lo al català, com ja va fer amb *L'Escombra del sistema*). És aquest b/vuit que emmascara el nou i destarota les cartes que no lliguen. Em sento buit i corro fins a l'infinit i els mitjons em cauen fins el garró. Fins a descobrir que hi ha molts tipus d'infinit, com molts tipus d'intel·ligència a banda de la dels telèfons mòbils. Em sento un vuit que cau i esdevé signe infinit de ganes de viure. Em sento buit i forçat a reescriure el relat perquè, com diu la cançó, el món vist de baix acollona.

Globals

4 de juny de 2016

La globalització és un projecte o és un procés? Hi anem anant com la vaca cega, dominada pels mercats, o hi ha algú que té aquesta ceba? I quan va començar? Amb el romans o amb la colonització del XIX? David Murillo Bonvehí ho analitza al seu llibre *Els valors en la globalització. De Walmart a Al-Qaida*, que ja només amb aquest nom ens dona la pista que hi ha moltes globalitzacions, a més de la més clara, la del capitalisme neoliberal. L'expansió d'un model comercial de magatzems com els Walmart, també la dels multicinemes i oci allunyat de les ciutats o el del terrorisme gihadista. A més de globalitzacions alternatives que protagonitzen els que hi estan en contra. La de les ciutadanies d'arreu. Mirar de comprendre el món enriquint la mirada, obrint-nos a la diferència, pot ser una de les oportunitats d'aquest present globalitzat. Aquesta època en què, com diria un dels grans intel·lectuals que va morir fa més de vint anys, Guy Debord: «Els nàufrags només escriuen el seu nom damunt l'aigua», i sovint ni això. Tenim morts a balquena que arriben a les nostres platges o que es queden a mig camí, i que ja no podem escriure el seu nom enlloc. Tenim una globalització de refugiats. Vivim l'època de la fascinació per les dades, i ens diu Murillo que amb tanta informació que ens arriba, no el podem narrar, i per tant és un món impossible d'entendre per definició. A casa em contempla el volum immens de l'*Ètica nicomaquea* d'Aristòtil, que ja va voler sistematitzar en una reflexió pràctica un seguit de valors compartits. I ens serveix aquest mestre antic des de la justícia a l'amistat, la felicitat i la recerca del bé, l'ètica i la política, el saber comunitari. En els exemples pràctics entenc Messi. Aristòtil diu que abans que res, s'ha de complir el deure de nodrir els pares. I ell signava contractes per confiança filial, perquè de retruc també nodria el pare. Un projecte o un procés? En tot cas, la majoria som vulnerables, vivim les nostres pors, precarietats, amors, en el nostre recer quotidià, això en un món interconnectat amb els poders interessats a mantenir l'actual correlació de forces. Amb el confort de l'amistat aristotèlica.

Mites

6 de juny de 2015

La història contra el mite, i el mite per fer història. El mite per construir la identitat, per expressar la personalitat pròpia. El mite per transmetre valors que traspuen personatges i esdeveniments. I positivament o negativament. El professor de la URV Magí Sunyer ha estudiat i analitzat els mites catalans de Guifré el Pelós a l'Onze de Setembre, i n'ha fet llibre. De la fundació de la nació fins a la seva ferida de mort. Un estudi a partir de les aportacions que hi ha fet la història, la geografia, la llengua, i el context i solidaritat internacional. Per Magí Sunyer, de tots els referents mítics catalans, Jaume I, Sant Jordi, Montserrat, Canigó, els almogàvers, els segadors... el més potent i constant és el mite democràtic. Les arrels democràtiques de Catalunya que tenen a veure amb la nostra manera de fer i de ser. Des de la crònica de Pere el Cerimoniós, a *L'esperit de Catalunya* de 1946 de Josep Trueta, o el discurs de Pau Casals a l'ONU, o el pacte entre monarquia i institucions medievals i modernes. Just a la façana de l'ajuntament de Barcelona, dues escultures ens el fixen. D'una banda, Jaume I, que en un cert moment es recupera per substituir el pes del Cid el Campeador, amb la idea que també guanyava batalles després de mort, i a l'altra banda, l'escultura de Joan Fiveller.

El conseller segon va plantar cara al rei Ferran d'Antequera, en el que es considera el primer acte antiabsolutista, en la seqüència que acabaria en la tragèdia del 1714. El conflicte va sorgir per un impost sobre la carn que el rei considerava que no havia de pagar perquè era rei. Un carnisser es va negar a vendre carn al criat de palau si no pagaven l'impost, i aquest hi va tornar amb l'agutzil. Però el carnisser va aguantar ferm i s'organitzà un avalot. Fiveller plantarà cara davant del rei, en nom de Barcelona, i aconseguirà que se sotmeti al que és de justícia. Fiveller, Claris, Casanova, mantenen el fil democràtic. És clar que els mites del present com Xavi o Messi també planten cara, i esperem que la justícia es decanti pel bon joc.

Cadenats

13 de juny de 2015

M'imagino que si el premi Nobel del 1947 André Gide creués els ponts de París avui trobaria que el seu Prometeu mal encadenat tindria múltiples opcions per acabar ben encadenat, tal com el descrivia Èsquil. Prometeu, que va robar el foc als déus en benefici dels humans, va patir el càstig de Zeus, i encadenat al Caucas, va patir el setge d'una àliga que li endrapava el fetge.

I com si fos Sísif, la tortura es repetia l'endemà perquè el fetge se li havia refet de nit. Que per una banda, ja era un indici que la medicina regenerativa és un horitzó d'esperança. La capacitat de refer-nos és immensa: tornar-se a aixecar després d'una sotragada o de guarir les ferides. Gide parla de la llibertat obstaculitzada per la consciència i els remordiments, i Espriu, que també va dedicar uns versos al mite, diu que el somni de llibertat és la cadena que el lliga al «cant dolorós». Els cadenats, o «candaus», han esdevingut arreu una moda simbòlica per exhibir l'amor promès i durador. Els lectors adolescents de Federico Moccia van fer com a *Tinc ganes de tu*, on els protagonistes col·loquen un cadenat al Ponte Milvio de Roma, i per mimesi ara ja no hi ha pont sense el rastre amorós de ferreteria. Però els excessos fan mal i a París han hagut de treure'ls del Pont des Arts pel risc que suposava un pes de divuit tones i mitja que va fer malbé una part del pont i amenaçava les barcasses plenes d'enamorats que creuen el Sena, o els mateixos enamorats que passaven pel pont. Però tranquils, que hi ha més ponts que llonganisses. Aquells que s'han examinat de selectivitat han hagut de dir si aquesta mostra d'amor és un llast i si és millor gravar un cor, unes inicials i una fletxa al tronc d'un arbre.

De la mateixa manera, i com que la política fa estranys companys de llit, avui veurem com els grups polítics més diversos segellen el seu amor. Veurem si fan com els amants i els cadenats, i si després llencen la clau o si la tenen a punt per alliberar el compromís, arribat el cas que es comencin a devorar el fetge i no compleixin ni mig mandat.

El soroll i la fúria

15 de juny de 2019

William Faulkner m'ha atret de jovenet. Mentre anava fent la meva biblioteca, com fem tots moguts cap un o altre autor, ves a saber per quins impuls adolescent, per quin neguit, Faulkner, Sartre, Pedrolo, m'enlluernaven tot i la dificultat i exigència que em reclamaven alguns dels seus escenaris i plantejaments (i encara m'enlluernen tot i la gradació de les dificultats). Tot era entrar en una llibreria i remenar fins a marxar amb *Las palmeras salvajes*, *El ruido y la furia*, *Luz de agosto*, *Santuari*, *Mentre agonitzo*, que em traslladaven cap al Mississipí i el monòleg interior. Hi ha algun d'aquests títols que encara m'espera i el temps no perdona. Per això em va fer especial il·lusió que aquest estiu passat Edicions de 1984 publiqués *Llum d'agost*, i ara acabi de publicar *Mentre em moria*, totes traduïdes magníficament per Esther Tallada. I diuen que l'editor Josep Cots vol continuar ara amb *Les palmeres salvatges*. Faulkner ha entrat aquesta setmana en el judici del procés vist per a sentència, de la mà de l'advocat Xavier Melero, que va esmentar la pel·lícula *Amanece, que no es poco*, on el guàrdia civil que protagonitza José Sazatornil diu que al poble que supervisa tots són fanàtics de *Fulkner* (per *Faulkner*). Melero expressava el seu desig d'arribar a un futur d'arcàdia on poder discutir sobre Faulkner, com a gran debat, i aparcar-ne d'altres. Molt em temo que abans s'hauran d'aclarir una pila més gran de problemes i penes de presó. Hi ha qui diu que davant les dificultats de lectura que poden tenir alguna de les obres de Faulkner el millor és no desanimar-se, que si no s'entén tot el millor és deixar-se endur pel sentit general, copsar la sensació i deixar-se portar, com t'arrossega el riu. Potser és per això que en aquest present de dificultat comprensiva, davant de tants malentesos, acaba imposant-se un sentit faulknerià de la vida. Potser és millor viure de sensacions, que ens deixem endur pel corrent, i no acabem d'entendre ben bé què és el que ens passa.

Honor al conill de l'Aleixar

19 de juny de 2011

És que se't desfà a la boca, literalment! La carn es despenja dels ossets i llisca per la boca, aromatitzada amb les herbes de la Mussara. És el conill que fan al casal La Unió de l'Aleixar (Baix Camp). Impressionant! Dels millors que he menjat mai. De debò. Fet primer a la brasa, després a la cassola, i encara amb un toc de graella. Gairebé confitat amb l'oli de les arbequines i una mica de pebre que hi dona coïssor. Servit amb unes patates fregides, amb un punt de sal que cruix, com a complement (*pataques*, admeteu-me el localisme, que no puc reprimir el plaer del gust, recordant-les). Quin conill! Quina essència de gust. Us ho escric perquè la cosa s'acaba i s'hi ha d'anar. La cuinera Isabel Torres millora la feina de Miquel Rof, que és qui li va ensenyar a fer-lo, però deixarà la feina el març de l'any vinent. Us aviso perquè aquest final no és tan sonat com el d'El Bulli i us pot passar per alt. I tampoc tindrem Hollywood que immortalitzi el conill de l'Aleixar, el de la deliciosa Isabel, en una pel·lícula. Ni que el faci reobrir dos mesos per al rodatge.

Són àmbits i dimensions diferents, és clar. I aquesta és la gràcia. Us ho explico perquè dilluns passat jo salivejava a la platea del Palau de la Música Catalana mentre es lliurava el Premi d'Honor de les Lletres Catalanes a Albert Manent i Segimon. Per bé que és nascut al Maresme, a Premià de Dalt, estiuejava al Mas Segimon, de la seva mare, que és a l'Aleixar. I allà va escriure bona part de la seva potent producció bibliogràfica. Albert Manent, un home encuriosit per tot, des dels noms del núvols fins a la nostra història, literatura, llengua, també coneix les virtuts culinàries d'Isabel Torres. De fet, ella ja va conèixer l'Albert quan era xiquet i anava a fer la bugada al Mas Segimon. Les mateixes mans i esperit polit i humil saben aixecar el sentit del gust. I estic convençut que aquest conill amb herbes de la Mussara, que també ha tastat l'últim premi de les Lletres Catalanes, ha afinat l'ànim conspiratiu d'Albert Manent. Se n'ha glossat la seva creació literària i contribució a la memòria històrica, el seu activisme en els anys difícils del franquisme i el seu noucentisme vital per a la reconstrucció nacional. Pensem també en el conill de l'Aleixar.

ESTIU

El darrer joc

23 de juny de 2012

Tortell Poltrona explica que les tribus més antigues i desconegudes tenien la figura d'un pallasso que interpretava els trons i els llamps. Inexplicable per a la resta d'aborígens. Les pintures dels pallassos i màscares fúnebres també tenen un nexe que les uneix en la frontera del que és comprensible i el que és incomprensible.

Ens toca viure temps fronterers. Trons i llamps sense ningú que ens expliqui què ens està passant de debò. Potser per això hem de recórrer als pallassos com el Jaume Mateu, que endolcit pel Foix de Sarrià acaba donant Tortell Poltrona, que a més, és un «Pallasso sense Fronteres». D'aquí a dos dies instal·larà la vela palindròmica del Circ Cric a la programació del Grec, i es dedicarà a carregar cadires i a passejar-se pels racons de la seva memòria.

Just dimarts, quan va morir l'Emili Teixidor, Poltrona, amb màscara verbal, parlava de mort i de vida a la biblioteca de Nou Barris. D'aquest exercici de substitució etern, d'aquest projecte de vida que és la mort. I feia riure la concurrència. També recordava, per allò de l'encara més difícil, com l'Emili havia creat un personatge de conte que era capaç de llençar escopinades amb *lumping* inclòs.

En el meu cas, el recordo en discussió etimològica, gràcies a *El llibre de les mosques*, on hi ha qui se'n va a joc. I jo li deia que mon pare feia servir l'expressió «me'n vaig a jocar» com per dir que se n'anava a dormir. El verb no el recull el DIEC, però sí el català-valencià-balear, que explica que és una acció dels ocells per anar-se'n al joquer, i en situa l'ús a l'Urgell i al Camp de Tarragona. Vet-ho aquí. El pare i els vila-secans atribuïm als humans accions de pardals i pronunciem d'una altra manera l'*ajocar*, que ja vol dir ajaçar-se o posar-se a un lloc a dormir. Una frontera que comença i acaba per *a*.

Ja no podrem discutir més. L'Emili Teixidor se n'ha anat a jocar, o a joc, per sempre més. La seva sornegueria i provocació constant, aquell sacsar mentre reia, queda per al record. I el debat etimològic també. L'assagista francès Roland Barthes considerava que escriure és una conducta gloriosa, però atrevida. Que l'escriptor és un artista, i se li reconeix un cert dret a la bohèmia. L'Emili Teixidor se l'agafava, aquest dret mentre, com un pallasso en una tribu, ens explicava què volen dir els llamps i els trons, i quin gust té el pa blanc i el pa negre.

Foc filantròpic

26 de juny de 2011

El so del tabal anunciarà aquesta nit a Berga el final de la Patum 2011. La millor celebració del Corpus que tenim. Festa única, per molt que els designis europeus ens vinguin a assessorar com s'han d'evitar els perills de la pirotècnia i del salt de plens. És clar que hores d'ara Europa pateix més per la cremor d'estomac financer grec que no pas pel foc festiu, foc d'encenalls si vas a mirar. Aquesta sí que és una estampa, la de la plaça cremada de Berga amb els plens a punt de saltar arbrats i encesos, que se m'apareix com un exèrcit de Prometeus que ens porten el foc als humans. Prometeus encadenats, deslliurats i portafocs segons Èsquil, o mal encadenat segons André Gide. Prometeu amb el fetge rosegat per una àliga, castigat per Zeus, penjat a una roca del Caucas per haver-nos dut la flama. Per haver-lo robat als déus. Aquesta flama element vicari d'un altre foc, el de la continuïtat, la baula entre el vell i el nou, la flama del Canigó, o les falles, les torxes del Pirineu, o el foc de Sant Joan.

La flama i la veu, dos elements que aglutinen, que fan col·lectivitat. Al redós del foc, «Com una farandola» que diria Papasseit, ens expliquem històries. I on hi ha caliu humà, s'acaba encenent el foc. Aquest any el calendari ha fet encavalcar Corpus i la Coca amb cirera, amb la Coca de Sant Joan i la revetlla. La flama i el foc que ens il·luminen i que ens mostren la indignació, i ara el compromís de Hessel i dels indignats. El foc que agafarà totes les formes festives, del foc d'artifici a la Tronada de Reus. Per Sant Joan va petar la primera però les que compten són les de Sant Pere. I aquí és el foc fet so, és la bellesa de l'esclat del tro, és l'home que reclama la seva oportunitat de ser feliç. N'hi ha que ja ho han aconseguit. Són els nous mites, déus actuals com la parella encadenada Shakira i Piqué. Mireu si són mites que a la festa de final de curs els meus fills de dos anys i els seus companys d'aula, van ballar el *loca-loca-loca*, escenificant els Prometeus enamorats, els que passegen la flama i el foc de la passió allà on van.

L'ast

27 de juny de 2015

Amb el pollastre a l'ast passa com amb els rovellons, tothom sap d'un lloc, d'una rovellonera exclusiva, on els fan millors. És cert que Catalunya és al cim de la cuina, que els germans Roca, ostenten un títol mundial, com Ferran Adrià en el seu moment, i encapçalen tota la legió de generals de l'exercit català dels fogons, però el pollastre a l'ast presideix les taules dominicals.

Volem fer el receptari català patrimoni de la humanitat, però el suc del pollastre a l'ast, carregat de pebre i amb una rodanxa de llimona és la tinta amb què s'escriu la història de l'àpat estiuenc per excel·lència. És cert que també aquest és un producte desestacionalitzat, que n'hi ha tot l'any, però abans, quan jo era petitet, era un senyal d'estiu. La fragància que deixa anar la pell rostida, cruixent, feta crosta ennegrida, carregada de pebre, i barrejada amb la crema de protecció solar em fan fer el gest mecànic d'espolsar-me les cames per si se m'ha quedat enganxat algun gra d'arena de la platja. És l'efecte Pavlov. Pollastres i mitjos pollastres tallats amb tisora i encapsulats en bacines d'alumini i tapa de cartró. Pollastres cuits per homes suats, en aquest armari de foc, una versió moderna d'un enginy de tortura. Però això ho ha dut la industrialització. Perquè l'ast, la barra de ferro o metàl·lica on s'insereix la carn que va girant prop de les flames o el forn, ve de lluny. Al llibre del Coch i al *Sent Soví* ja apareixien receptes a l'ast, però mai com ara havíem vist cues de gent que espera la seva ració, que espera que li resolguin el menú. Les coques de recapte fan la resta, o una bona amanida, o una russa i unes imprescindibles patates fregides. Això fa estiu.

És clar que em direu que n'hi ha tot l'any. Ara hi ha de tot tot l'any, però no passa tan bé com abans. L'únic que m'esborrona és pensar que el que podia ser un plat per a un dia de platja acabi esdevenint un recurs massa sovintejat. Voldrà dir que posats a no pensar què ens ofereix el calendari en clau gastronòmica, ens passarem l'estiu donant voltes a l'ast, voltes com en una sínia alimentària.

Esclats

27 de juny de 2020

Aquest dilluns serà Sant Pere, festa a molts punts del país que celebren el domini de les xarxes del sant pescador, i a molts altres on va de braç de Sant Pau, i arreu, com passa amb altres patrons i patrones, la festa quedarà congelada. Penso en la de Reus que té com a lema festiu per aquesta data Sant Pere peta fort! Però aquest any per la festa grossa reusenca no peta res que no siguin petards i piules. Una de les seves particularitats són les tronades: una demostració pirotècnica documentada ja al segle XVII que consisteix en l'explosió d'un seguit de morters o mascles ben carregats de pólvora, que fan que per uns minuts la plaça del Mercadal sigui el centre del món. La primera de les quatre tronades anuals s'encén acabat el pregó, i el privilegi de fer córrer la pólvora el té el pregoner de la festa. Aquest any la pregonera ha sigut la presidenta del col·legi de periodistes a Tarragona i vicedegana de Catalunya, la periodista Coia Ballesté, però la prevenció de la covid-19, per la gentada que aplega, ha fet posposar la tronada. De fet, Coia Ballesté va arrencar el compromís de l'alcalde Carles Pellicer d'encendre la primera que es faci quan s'aixequin les limitacions. Per no haver d'esperar tant, no sé si els ronda pel cap d'encendre'n una per la Misericòrdia, la festa major petita, que se celebra al setembre. Ja ho sentirem a dir. El cas és que, com també ha passat amb la Patum de Berga, amb els concursos de castells de focs de Tarragona i Blanes, i amb tantes cites festives, la cultura popular i el seu esclat més directe s'hauran d'esperar a millors èpoques.

Ja és això, s'entén i s'accepta. Per bé que també es percep que amb aquest desig de sortir al carrer, de rebre l'estiu i de retrobar-nos, busquem també les imatges que portem ben endins. Busquem de seguir els rituals del calendari, les seqüències, balls i tonades que ens animin. La cultura popular també deu tenir aquesta funció. Anem buscant ja sigui a l'aire lliure ja sigui entre quatre parets als museus. Ara que són mals temps pels profetes i que hem de ser autoresponsables, tenim set de festa, ganes d'esclat, de pólvora i color perquè ben eixordats entenguem millor tot allò que se'ns explica.

Capital Grec

30 de juny de 2012

Em vull grec. Per cridar «Súnion!» i evocar el nom d'aquest temple far de mariners. Llueix de lluny estant, i provoca crits d'alegria: rei del mar i del vent, amb el sol lleial que pica damunt del seu marbre mutilat. Carles Riba ens el descobria així, i així forma part també de l'imaginari elegíac. De les passades glòries els catalans mirem Grècia com si fóssim a casa, per bé que als nens grecs els amenacen que vindran els catalans si no s'acaben el plat. Em vull Grec. Em vull festival de Barcelona. Vull arraulir-me als seus jardins, pujant cap a la font del Gat amb la noia i sense soldat. Que el cul se'm faci pedra, com l'arrel del cep s'encasta a la llicorella al Priorat.

Em vull Grec, a risc que un dissolvent m'enverini com va passar l'any passat quan van morir un miler de gripaus. Un veí que no suportava el seu raucar va tirar pel dret. Va enverinar l'aigua de fonts i estanys des d'on les granotes projectaven la seva veu. Això de projectar la veu sempre ha estat difícil des de l'escenari del Grec. No només per a les granotes; els actors i actrius que hi participen sempre pateixen que una revetlla o algun concert al Poble Espanyol no els dificulti la connexió amb el públic.

I és que és clar que no és el d'Epidaure, per molt que l'any 1929 servís de model als arquitectes Raventós i Rubió i Tudurí, que van reconvertir la pedrera en teatre amb motiu de l'Exposició Internacional. Jardins, castells, claustres i espais de tota mena d'arreu del país es transformen en escenaris pels festivals d'estiu que ens han d'ajudar a oblidar el tràngol del present. El festival Grec que arrenca avui hi vol contribuir amb un primer espectacle de franc al passeig Lluís Companys, i un bon paquet de descomptes de tota mena. I, és clar, amb una programació farcida de perles per a tots els gustos, de fora i de dins. Una: la poeta Dolors Miquel, que ha servit el text *Carn avall* a Magda Puyo. La carn que tira avall, a certes edats tot penja, i el carnaval en què vivim fa desfilar la *Pallarina, poeta i puta*, que així es diu aquest espectacle. La convenció estètica i ideològica és qüestionada. Com la mateixa Grècia, i de retruc Europa sencera que es rearma, que es recapitalitza. I és que, com diu la poeta, «Lo cel que mos dona el sol, mos arria pedregada».

El refredat

3 de juliol de 2021

La farmacèutica em diu que si en un hivern normal acostumaven a vendre, posem per cas, unes tres-centes capses de Frenadol al mes, aquest any n'han venut quinze. I no cal dir com estan els prestatges dels xarops contra la tos. Intactes. Han d'anar traient la pols als productes que la mascareta ha acabat fent innecessaris. Un hivern sense refredats ni atacs de tos. Quan enyorem la normalitat, també enyorem les febrades, el nas rajant de mocs, aquell mal d'ossos que sembla que t'hagin donat una pegada, la tos de gos, aquell pujar i baixar que sembla que se t'hagi de trencat tota la carcanada? O volem una tornada selectiva a la normalitat? Anar desbrossant el camí, anar traient les pedres que ens facin un caminar més plaent? La història del progrés ha estat aquesta, anar marcant amb una creueta el mal superat. I aquest que no saps per on t'arriba, si pels peus o pel cap, si per un raig d'aire fred quan estàs suat o per uns mitjons massa prims per un dia de glaç, el podem estroncar amb la barrera d'una mascareta, ja sigui industrial a sigui feta a casa. Aquesta bondat d'allò casolà que en molts restaurants només proclamen per les postres quan et diuen: el flam o el pastís el fem nosaltres. Home, gràcies, i l'amanida o el fricandó no? Doncs amb les mascaretes covid busquem les homologades, les certificades. La cosa és justa que es trenca. Si ens les traiem, a més de refredar-nos podem estendre la taca. La fragilitat no ens abandona i, malgrat la vacunació, anem de pet a la cinquena onada amb els centres de primària desbordats. Els escolars més joves han passat d'un curs exemplar a un final de festa ben galdós. Diu Alessandro Baricco en un enfilall de pensaments que la pandèmia ens està fent pensar en allò que era impensable, i no com un joc de fantasia, sinó de construcció racional. Un col·lapse controlat seguit d'una reconstrucció assenyada és l'única manera d'aturar la degeneració crònica del món, diu. No oblidem la mascareta!

Extermini

10 de juliol de 2015

He anat a veure Neus Català. La seva memòria centenària ens alerta de la brutalitat de l'home. El seu testimoni esgarrifós ens diu que la desgràcia no és un artifici, ara que en fa setanta de l'alliberament dels camps d'extermini en el final de la Segona Guerra Mundial. A Neus Català la vaig poder entrevistar pel programa *S/avis* de TV3 ja fa un temps, en tres escenaris diferents. A la biblioteca de la seu del PCC, l'escissió prosoviètica del PSUC, (la pluja ens va deixar sense poder anar a Els Guiamets, al Priorat), a l'escola de Darnius, en la ruta de l'exili, i al cementiri de Montjuïc, prop de les despulles del president Companys.

Ara l'escenari on es concentra i s'explica la vida de Neus Català és el de la Muntaner, dins de la programació del Grec. Mercè Arànega fa lliscar de manera magistral, impressionant, aquest relat de Josep Maria Miró i Rafael Duran, basat en la novel·la *Un cel de plom* de Carme Martí.

A la Muntaner també hi havia l'Albert Om que li va dedicar un dels seus «convidats», i la Marina Rossell que aquest mes de juny va ser a Falset i va cantar en l'homenatge que li van fer Consell Comarcal i Generalitat. Mai prou insistents en l'exercici de recordar la barbàrie, per mirar que no es repeteixi, Neus Català n'ha fet objectiu des que va poder començar a explicar el seu pas per Ravensbrück i Holleischen. Allà on va mirar de boicotejar amb «les gandules» la fabricació d'armament. El drama dels deportats catalans als camps d'extermini el repasso al llibre de Montserrat Roig, document imprescindible sobre l'holocaust, que beu del *K. L. Reich* de Joaquim Amat-Piniella, l'escriptor manresà deportat a Mauthausen. Tots els camins per fer memòria sobre la violència, els forns, les pallisses, els filats, les vexacions, les fosses, sobre la «internacional del dolor». La memòria obligatòria, que veus que fa curt quan l'endemà les imatges que arriben de Srebrenica ens recorden la matança d'ara fa vint anys. L'home no ha après la lliçó. I ara ho veiem a Síria, i cal insistir a recordar Neus Català perquè aquest drama universal és nostre.

Joc de mans

13 de juliol de 2013

He encaixat la mà d'Obama! Li he donat la mà, a tot un premi Nobel de la Pau, a un dels gestors de la gran potència mundial, la que mana en els nostres destins ni que sigui de retruc. També és de retruc, és per mà interposada, que li he donat. He saludat, parlat i encaixat la mà del periodista iranià Abdolreza Tajik, i ell sí que la hi va donar. Aquest periodista i activista dels drets humans, que viu a París com a refugiat polític, ha estat a Barcelona convidat a parlar de teatre i llibertat.

La seva experiència vital és escruixidora. Detingut, violat, en presència d'un fiscal i de l'interrogador el 2010, després que el cités el Ministeri d'Informació iranià de resultes de la seva denúncia als diaris on treballava sobre la situació dels presos polítics al seu país. Són els danys col·laterals a la repressió del règim iranià contra la revolta verda o el despertar persa que es va mobilitzar en les eleccions del 2009. Encara ara les ànsies de llibertat dels iranians topen amb la presó quan expressen el desacord.

Hi ha la teoria que donant la mà a set persones acabes donant la mà a tota la humanitat. Cosa que, per cert, estalviaria esforços als organitzadors de la via catalana de l'onze de setembre; ara ja n'hi ha cent mil, d'apuntats, que és com si hi hagués mig planeta.

Tornant a Tajik, que és qui va saludar Obama quan aquest li va reconèixer la seva lluita personal, em pregunto si de la mateixa manera, al donar-li la mà rebem una part del seu dolor personal, de la seva tortura, de la seva censura i lluita. I si també, a través de donar la mà a set torturats podem atrapar tot el mal que l'home es brinda, tota la brutalitat que genera la pròpia humanitat.

És absurd, ja ho sé. Ni he donat la mà a l'Obama ni he rebut els cops i tortura de Tajik. Sí que li he sentit explicar la seva història, i l'he tingut al davant, i he vist el seu rostre, congelat permanentment per aquest record traumàtic. I també estic convençut que, com diria Antoni Tàpies, hi ha nucli de pensament anònim, col·lectiu, una zona per sota de les ideologies, d'on l'art s'abeura en cada època i estil. I d'on la resta d'humans ens hauríem d'abeurar per entendre el dolor de l'altre i per estendre un tracte més cordial i amical, sense necessitat ni d'encaixar les mans.

Corbs

13 de juliol de 2019

He vist quatre corbs. No soc ornitòleg però aquests ocells els distingeixo. Un negre lluent com el sutge, brillant, i un cant escardalenc, un crit esverat amb el qual s'han avisat els uns als altres quan m'han vist que m'acostava allà on eren. L'albirament ha sigut a la zona de la serra de Llaberia. S'entretenien a picar-me les figaflors que donen a aquesta època les figueres, quan la seva dolçor, fora de taxes impositives, s'apodera del paladar sota l'arbre. La competència animal s'escampa.

No sabeu què és arribar a la figuera i constatar que aquells quatre becs ja no baden pel formatge de la famosa faula, sinó que em disputen l'esmorzar i berenar de cop.

A la història d'Isop, tantes vegades versionada i actualitzada, el corb que havia atrapat un formatge que sostenia amb el bec el va acabar perdent pels afalacs de la guineu. Aquesta, amb ganes de cruspir-se aquell olorós formatge (en alguna versió es parla de raïm) que ha trobat el corb, el comença a ensabonar i li demana que canti per sentir-li la preciosa veu, la que fa joc amb aquell plomatge irisat. L'afalac fa el seu efecte i al primer grall el formatge tomba i rodola fins a caure en mans de la guineu, que fuig amb el seu botí.

En el meu cas, en mig de la treva del pic de calor, no em va caldre adular aquells ocells esverats. Només veure'm es van posar a xisclar i alguna de les figues que rapinyaven sí que va anar per terra. Però ves quina gana i desig no hauria de tenir per recollir un fruit picat per aquest moixó a qui la cultura popular associa a la mort i al pecat (i el pecat que li pengen és el d'intentar reproduir-se a bord de l'Arca de Noè!). Ja hi ha abelles que hi ronden i formigues que de seguida circulen pel fruit. La sorpresa del contacte, urbanita com soc, m'ha deixat regirat. M'ha alegrat el dia que circula per uns codis de trencadissa centralista i de pactes sublimats. Fa cinquanta anys que l'home ha trepitjat la lluna i jo contemplo embadalit com volen, apressats i fugint, quatre corbs lluents. La natura va donant lliçons eternes, i ara és un petit cuc encastat dins d'una pera que cullo de l'arbre qui em vol fer la guitza.

«La barraca»

17 de juliol de 2011

Quan t'imagines la somera o el matxo en les feines del segar i el batre penses que per força s'havien de cantar cançons perquè no s'aturés l'animal. Una feina amb un punt de rutina, en què el cant donava força al pagès i al bestiar. És normal que el delta de l'Ebre donés lletres com ara aquesta: «Déu va fer pobres i rics quan este món va crear. A mi em va fer dels primers i ara em toca treballar»; o la Costera aquesta altra: «Ai, mare, jo vull casar-me perquè em pica el tirorí; tin paciència, filla meua, que antes m'ha picat a mi...». Hauríem de tornar a cantar ni que fos per agafar forces o per apagar coïssors i riure. És clar que hem canviat de feines, i la mecanització del camp ha esborrat aquest tipus de cançó. Per això és millor deixar-ho en mans de Quico el Célio, el Noi i el Mut de Ferreries, i del seu *alter ego* valencià: Pep Gimeno, *Botifarra*. Ara s'han trobat i han gravat *La barraca*, un disc de jotes, fandangos, havaneres, marineries, romanços i cants de treball. És una sort aquesta trobada entre els de Tortosa i el de Xàtiva. Una sort que revela, un cop més, la ignorància mútua en què ens volen instal·lar, l'esquarterament cultural que patim des de fa tants anys. El mateix Gimeno, *Botifarra*, pregunta als Quicos on s'havien amagat durant tots aquests anys.

Al marge de la feina de reconeixement de la cançó d'arrel, la cançó popular, prou difícil a Catalunya, hi ha la de trencar les fronteres. I n'hi ha de molts tipus: des de les barreres mentals fins a les televisives. I des d'aquesta setmana hi podem afegir les que vol aixecar la nova presidenta d'Aragó, Luisa Fernanda Rudi, que es vol carregar la llei de llengües que protegia el català a la Franja. Deu ser un senyal més que s'acosten eleccions espanyoles. Bufetada al català i ventada jacobina d'uns o altres.

Posats a cantar, algú li hauria de cantar les quaranta. I els Quicos allò de: «La jota ve de València, segons la història diria; a Catalunya i Mallorca, i Aragó va arribar un dia, però a les Terres de l'Ebre li vam donar l'alegria».

Pare

19 de juliol de 2014

Em miro el pare en una fotografia antiga. Una d'aquelles que tenien les vores encunyades com una sanefa, com un d'aquests papers que es posen en un plat per engalanar un coc ràpid o un pastís casolà. Tinc la seqüència, de fet em miro dues fotos. En una el pare s'enfila per un tauló, samarreta imperi, pantalons i peus nus, a un primer pis, i a la segona el pare, assegut en l'ampit d'una finestra, riu amb la proesa feta: recuperar les claus que uns estiuejants s'havien deixat a l'interior de l'habitatge.

Un superheroi somrient, en una època, els anys seixanta, en què no hi havia escoles de circ ni festivals d'estiu. D'aquí que dues fotografies en blanc i negre siguin com un vídeo de consum domèstic.

Amb les fotos a les mans penso en *Vader*, que vol dir «pare» en flamenc. En venien molts, de flamencs, a la Pineda, a la Costa Daurada, on el pare va ser dels pioners en això d'atendre estiuejants i turistes. *Vader* és el muntatge de la companyia flamenca Peeping Tom que ha programat el Grec, aquests dies en què també es pot veure l'*Ubu Roi* de Declan Donellan. I a més de la genialitat i d'aquell bon gust que deixen només certs espectacles, hi ha un fil que connecta aquestes propostes amb el pare. Amb cada pare que maten els fills, amb cada pare de la pàtria que fa del poder el seu absurd, amb cada pare que fa de la família el seu despòtic reialme. *Vader* ens porta a l'immens geriàtric cap on anem de pet, on els nostres apressats fills ens prometran de passar a veure'ns cada dilluns, ni que siguin vint minuts. A l'imperi del bolquers, de la roba, la dignitat i les mirades perdudes. Ho fa amb sentit de l'humor, a través de la dansa, de la contorsió gairebé, i el contrast amb aquells que es van rovellant. Els superherois, els pares, que perden capa i poders així que ens fem grans. Els pares que perden la corona, i acaben destronats. Cruel.

Santoral mogut

25 de juliol de 2020

Com va la sort? La Grossa de Sant Jordi fa un sorteig extraordinari demà dia de Santa Anna i Sant Joaquim. El santoral va boig aquests mesos. La pandèmia ha generat un seguit de canvis en els nostres dies que enriu-te'n d'aquell Sant Ramon i Santa Rosa que antigament compartien dia a finals d'agost.

Ja hi va haver un intent perquè els padrins que no van complir per Pasqua tinguessin una segona oportunitat per la Pasqua Granada, i aquesta setmana el Sant Jordi confinat ha demanat compartir el dia que té de titular Santa Brígida. És clar que a banda del que fixa el santoral, avui Sant Jaume, les festes arrelades en una data són molt difícils de traslladar. I la diferent casuística que ha tingut l'intent de reeditar un Sant Jordi estiuenc per compensar el dèficit de vendes del confinament no sé si haurà espatllat la idea de fer les paus, tot i que sembla que els llibres han tingut més fortuna que les roses.

Tornant a la rifa, encara que a les butlletes hi digui «La Grossa de Sant Jordi», tinguin un dibuix amb el llibre i rosa identificatius i hi aparegui la data del dia 27 d'abril de 2020 (diada de la Mare de Déu de Montserrat), el sorteig es farà demà, i a qui li toqui el primer premi rebrà dos milions d'euros. Que perquè ens fem una idea, és la xifra que el rei emèrit, segons informacions del diari *El Mundo*, va transferir a Corinna Larsen perquè comprés pisos a Suïssa. I aquests són diferents als de tot el desgavell de diner que corria al compàs de l'AVE de la Meca.

La sort de la Grossa arribarà demà, en un calendari de santoral trastocat per confinaments i rebrots. És cert que la celebració del sant recula de fa anys, a la resta de la península molt més encara. Però tal com van les coses, què millor que resseguir els dies buscant excuses de celebració, i encara que el nom no faci la cosa.

Renaixement

26 de juliol de 2014

Una baldana m'espera cada any a Tortosa. Bé, no només una baldana. Una darrere una altra. Tampoc en excés, perquè la botifarra negra amb arròs atipa. Però sentir com les dents fan esclatar la pell tibada de la baldana, i com després s'hi sumen els cuirassats grans d'arròs, és peculiar. Una sensació subjectiva i possiblement intranscendent, però semblant a la que devien tenir els consumidors del segle XVI. La baldana que fan aparèixer els Quicos al seu espectacle d'època *La Taverna d'Enrico*, la baldana que pots consumir al mig del carrer, la que imagino al mig del riu com si fos un vell llagut, tan afuat com una espasa, que diria l'enyorat Gerard Vergés, del riu mític i remorós. L'humanista tortosí que s'ha endut aquest any el cavaller Sant Jordi, inventor del Linitul, farmacèutic, poeta, traductor, shakespearià, veritable home del Renaixement. Tortosa es reinventa cada any a través de la festa d'aquests dies. Es capbussa en el passat esplendorós, aquell que el situava al centre actiu i comercial de la Corona, dels Països Catalans, el que el va fer donar fins a sis presidents de la Generalitat, començant per Francesc Oliver de Boteller, responsable de la façana del Palau de la plaça de Sant Jaume. El passat que relata en la seva crònica Cristòfor Despuig. Però d'aquesta impressionant festa del Renaixement que ens explica la ciutat, la més important al sud d'Europa, el que més estimula és la mirada de futur. I el perfil de Tortosa està a punt de canviar, la seva catedral està a punt de ser rescatada. L'Ajuntament, amb acord de tots els procuradors, enderrocarà els vells edificis que la priven de la vista sobre el riu Ebre. Tortosa renaixerà ben segur, amb aquesta nova perspectiva. Ens cal la seva força i vitalitat, que ara en festa es constata al carrer, on els vestits del passat de nobles conviuen amb els vestits de les noves princeses morisques, acabades d'arribar al país, que saluden els abanderats des del terrat de casa.

Fet pols

27 de juliol de 2019

Mastego l'aire que respiro. És un aire especialment dens perquè aixeco pols. I m'envio aquesta pols. Sense voler. Però no puc fer altrament. Aquest ambient tan terriblement sec que fa d'esca dels focs que ens van assotant, ho propicia. I més quan amb una dalla moderna —una desbrossadora— miro de netejar el tros, els avellaners, de les males herbes que han agafat alçada i que poden destorbar la collita passat l'estiu. Una desbrossadora penjada al coll, motoritzada, i amb la qual vaig imitant el moviment d'una dalla, vaig fent la dansa de la mort i aixecant una polseguerada de tan arran de terra que faig anar el capsal de la màquina. El seu gir esperitat fa que les dues vetes de plàstic que hi poso, ja sigui fent forma de creu o en paral·lel, esdevinguin dos ganivets que tallen l'herba i fan saltar les pedretes que hi ha al pas. La pols, un núvol marronós, m'entela les ulleres i se'm clava al nas. El pare conservava un esclopet, una eina de fusta amb forma d'esclop, complement dels segadors, que feien servir per protegir-se els dits de la mà esquerra. Ara amb les desbrossadores et venen una malla per protegir-te la cara dels impactes de les pedres, i per protegir els dits, guants.

Quan acabo la jornada, dutxat i tot, només cal que em soni el nas per recollir al mocador una mostra d'aquella terregada. En l'aire que he respirat hi ha la pols que ara tinc al cos. Com si m'hagués menjat un plat de la sopa de pedres del Xesco Boix. Però de sobre. Vet aquí la nostra fragilitat. Aquestes feines físiques, assumides de manera esporàdica i per contrast amb el meu dia a dia habitual (més semblant al d'un oficinista), són les que em recorden la nostra petitesa. Però al mateix temps l'esforç, la suor, el cansament, i el veure com avança la feina, com fa net la nova dalla, i constatar el que hi ha per fer, té una part de gratificant, un intangible, una satisfacció que fa que s'eixamplin els pulmons, s'obrin els narius i es dibuixi un somrís seré. És allò que sentia a dir a casa: «Que és maca, la terra treballada!», O com diria Ausiàs March: «Plena de seny, lletjos desitjos talle; en el meu hort no vull les males herbes; perquè s'entenga com dins del meu cor, els pensaments no em davallen avall».

País endreçat

28 de juliol de 2012

M'aboco a terra. Doblego l'espinada. Rascle en mà, grato sota la soca i arrossego branquillons, pedres, pols, herba seca, flocs i avellanes fallades. Víctimes del diabló que les perfora i buida com si per Corpus per comptes d'ous els brolladors haguessin de fer saltar i girar avellanes. Aquestes avellanes ja no serviran per la collita del setembre. Encara que el test de Santa Magdalena dictamini que l'avellana és plena coincidint amb la seva festivitat, el 22 de juliol. També hi ha altres motius que fan minvar una collita, des d'una calorada a un aiguat o una pedregada, que en molts llocs on encara hi ha aquest conreu, especialment a les comarques de Tarragona, pateixen any rere any.

És clar que l'avellana va encaixar malament l'entrada a la Unió Europea. L'amistat germanoturca, i més d'una badada política, la va fer entrar en una espiral de marginalitat accelerada pels problemes genèrics de la pagesia. A resultes de la tragèdia de l'Alt Empordà, enmig de la mort i la devastació patida també per pagesos i ramaders, hem tornat a sentir la necessitat de la figura preservadora del paisatge que paradoxalment tenen els pagesos.

Paradoxal perquè la primera lluita a la natura és entre el bosc que fa la seva i el pagès que amb els seus conreus marca una fita, fixa uns límits a la massa forestal.

En aquest exercici de tenir cura de la terra, del tros, d'endreçar tires armat amb un rascle de plàstic, miro d'afegir aquestes altres raons preventives a les sentimentals, a una feina de Sísif.

Branques trencades pel solcuit, un fong que acaba fent suar a les branques afectades una goma ataronjada, el badoc, i uns preus de misèria acaben de generar interrogants a una feina que té un enemic nou: el porc senglar que perfora el sòl, mastega les gomes del rec i s'adapta a mida uns bassals que riu-te'n tu d'enginyers titulats.

I tot i així, els més vells, que no poden reemplenar el terreny, no paren de dir, amb la perspectiva d'un futur incert: Oh ves, abans bé menjàvem. Potser l'enyor de la terra, davant l'enèsima retallada i l'asfíxia del present, s'imposarà com a necessitat de subsistència. Potser així, amb el de fora conservat, la lluita contra el foc tindrà una altra cara.

Aigua a mar

28 de juliol de 2018

No trobaries aigua a mar. Em ressona a les oïdes, com el retret que em feia mon pare quan mirava d'ajudar-lo, en alguna extraescolar de la meva època: acompanyar-lo al tros i mirant de trobar unes tisores de podar en algun calaix o alguna mena de giny per arreglar el sistema de reg de degoteig dels avellaners que es cruspia algun conill. Ara la cosa ha canviat: són els senglars que destrossen reg, arbre i collita potencial (són una pedregada viva), i mon pare ja fa dinou anys que va morir i no em retreu res, tot i que podem dir que el seu record vital sí que em segueix ensenyant. Com l'ús d'aquest llenguatge, expressions i vocabulari, que ja sé que com a llei de vida i com a mostra dinàmica, la llengua es va transformant. I de la mateixa manera que es perden paraules, en fem servir de noves. Una observació recurrent afegida a la de l'empobriment del vocabulari que fem servir, on fins i tot se'ns fa estrany sentir frases fetes o girs singulars. I quan en sentim, tenim la impressió com si ens parlés una veu del passat. Ho constates llegint Josep Maria de Sagarra o Joan Sales o Mercè Rodera. És clar que són noms de vertigen. Només per posar dos exemples, llegint el *Quanta, quanta guerra*, de Mercè Rodoreda, a banda de la «modernitat» de la seva escriptura, quan hi trobo expressions com «vermell com un perdigot» o «com un poll ressuscitat», se m'accelera el batec del cor. És com si m'ho estigués escrivint al menjador de casa. Em veig de petit, tornant atrafegat del carrer, corrent, esbufegant i que m'ho digués ma mare al veure'm el color a la cara. O com si sentís parlar d'algun veí que s'havia canviat de cotxe i que en feia ostentació, amb aquell exercici d'aixecar el capó, ensenyar-te el motor, com si fóssim enginyers o tinguéssim l'FP de mecànica, o les dimensions del maleter, i aprovéssim el seu progrés material. Però ara no és que no hagin trobat aigua a mar, és que han trobat aigua líquida a Mart. És clar que, sentint els científics avaluant l'impacte de la descoberta i explicant que des del segle XIX ja es creia que hi havia aigua al planeta més proper a la Terra, potser sí que a algun investigador que feia aquesta recerca i no se n'acabava de sortir, el seu pare li devia dir: «Es que, fill meu, no trobaries aigua a Mart!».

Bevem vins catalans

30 de juliol de 2011

El pagès ric venia tots els estius a descansar a La Pineda, als apartaments Solpins. Venia en un Mercedes, lluïa una barba de caçador de balenes, però feia i fa vins al Medòc, a la zona de Bordeus. Era Monsieur Ladra, i m'impressionava que a aquelles ampolles que ens regalava hi digués MIS EN BOUTEILLE À LA PROPRIÉTÉ. Jo era força jove i, vist que el meu pare es va dedicar a l'activitat turística, expulsat pel poc rendiment de la terra, no deixava d'impactar-me aquell viticultor que podia passar uns dies a la platja.

També això, a més de molts altres pensaments, passava pel meu cap aquesta setmana quan la curiositat em va dur fins a Espiells per veure com treballen Jordi Alcover, Sílvia Naranjo i el seu equip en l'elaboració de la *Guia de vins de Catalunya* de l'any vinent. És la guia daurada, feta en tast a cegues, que en quatre edicions ha aconseguit fer forat en aquest apassionant món. Apassionant i amb unes inèrcies que costa de trencar. Com per exemple que el Cabernet del pagès ric de la meva joventut sigui tan present a les nostres vinyes, encara que, sobreexplotat, aquí no funcioni tan bé com en altres terres. I en canvi, ha arraconat varietats autòctones que de mica en mica es van recuperant com el samsó, el trepat o el picapoll, per dir-ne tres.

De fet, en aquesta línia de recuperació es mouen les sensibilitats de la *Guia de Catalunya*, tastant més de mil cinc-centes referències. Promoure el coneixement i consum de vins catalans a Catalunya i a la resta del món, defugint apriorismes, interessos, pressions i malentesos. Perquè tot això han de superar Alcover i Naranjo any rere any. És clar que fer la feina ben feta no té preu. Això els ha de confortar. A més de la *Guia* i web, també es mullen recomanant els vins que tasten a través d'una carta de catorze vins i caves pels restaurants que els ho demanen, i que renoven trimestralment.

Perquè és clar que som un país de vins, però es nota prou? O ens hem de moure en la disculpa eterna, la darrera del conseller Pelegrí, pel fet de demanar-nos tots plegats que sapiguem i entenguem què bevem?

Serps

30 de juliol de 2016

Aquest estiu no hi ha serps. També això s'ha mogut en aquesta societat postmoderna i líquida on no hi ha campanar que s'aguanti dret. Ja no hi ha notícies d'aquelles que et mantenien distret, anècdotes en absència de categories. En tot cas, hi ha serials sense fi, com el del funcionament dels trens de Renfe o el de la incapacitat de pacte a Madrid. En aquests temps d'incerteses, la gent s'aboca a caçar pokémons en comptes d'anar a fer caragolins després de la pluja. Els joves van amb un mòbil a la mà per comptes de dur una branca de fonoll entre les dents. Xuclar l'essència d'aquell branquilló, veritable recàrrega espiritual. Com qui repetia un exercici secret, codificat. Ho he fet recordant el pare, com ara jugo a caçar pokémons amb els meus fills. Estic fora de *target*, fora de l'edat estadística en la que es mouen els seguidors d'aquesta nova febrada. Ho estem, tant ells per petits com jo per gran. Com en la cançó d'Els Pets. Però les estadístiques fan un capmàs i les realitats són diverses. També les del joc en qüestió que ens mostra davant dels ulls una realitat virtual. Un ser i no ser. Entre la universalitat del joc i els mapes locals. Acumular bèsties, com les del llibre de Llull. Com la del conte del polonès Slawomir

Mrozek a *La vida difícil* on una guineu munta una botiga de cria d'aus i després dels recels del Gall, li acaba oferint la direcció d'un establiment de cria de guineus, on el personal són tot gallines. Qui és menja a qui?

Al teatre aquestes setmanes he vist dues joies de realitat ficcionada. *Leman Trilogy* del gran Stefano Massini, i *Port Arthur* del gran vilafranquí Jordi Casanovas. La història de la nissaga d'especuladors que ens ha dut fins a l'esclat financer i la transcripció real d'un interrogatori policial fet dramatúrgia que et genera l'interrogant de saber si el que veus és ben bé cert o és invenció.

Una prova més que la realitat tal com l'enteníem abans ja no existeix. O en tot cas, n'hi ha moltes d'altres, alimentades per la clàssica. Les coses no cal que passin, només cal que ho sembli.

«Off»

1 d'agost de 2015

Som en període vacacional. M'estreno en l'ús d'aquest adjectiu que l'IEC contempla en les últimes modificacions del diccionari en línia. És cert que també som en període vocacional. Aquest, en canvi, ja hi era de fa temps. De vocacions n'hi ha fa segles i de vacances, no tant. I a més, les d'aquest 2015 són estranyes. Un escenari electoral com el que es prepara desperta les vocacions de servidors públics i molta gent dona el sí per anar a les llistes del sí o a les del no. I aquesta vocació aixafa la guitarra d'aquells que estan en mode vacacional. Perquè la campanya és a tocar. De fet, el que s'estila ara en plena era de les xarxes és el mode *off*. Que vindria a ser com el cartell en línia del tancat per vacances. *Off* és el contrari d'*on*. Ho sé per les joguines o pels transistors, els primers manuals d'anglès. Qui s'acomoda en l'*off* justament no vol que se sàpiga *on* és. Després d'una vida exposada, publicant els millors instants, muntanyes i platges, concerts i llibres, aniversaris, pel·lícules, amors i desamors. Després de setmanes penjant els aforismes ensucrats, hi ha qui s'ensobra i es torna invisible dient *off*. Abans l'*off* ens sonava del correu del Tsar, Miquel Strogoff, que corria que no el coneixia ni sa mare i deixava els amors amb un sospir. Desaparèixer, fer-se fonedís, invisible com les ciutats imaginades d'Italo Calvino. Mode *off*, com hi ha mode real, de la mateixa manera que a Twitter diuen #Estàpassant, per cridar l'atenció, perquè ja no ens creiem res del que passa i no ens creiem res de ningú. La paraula donada i la paraula signada ja no serveix de res, ni que sigui davant de notari. El notari ara és la xarxa, el Facebook, el WhatsApp. Mal ho tindria avui Garcia Espuche, a diferència del 1714, per saber si els catalans fumem en pipa, toquem la guitarra o si heretem la lluna. L'*off* vacacional, la desconnexió, permet fabular (nova entrada del DIEC) sobre com serà la vida, el mode real al tornar a la feina i, sobretot, permet començar el plebiscit entre l'*off* i l'*on*.

L'amor venia amb taxi

3 d'agost de 2018

«L'AMOR VENIA AMB TAXI» O «L'AMOR VENIA EN TAXI». Ho trobareu escrit de les dues maneres a la cartelleria dels diferents grups de teatre d'aficionat d'arreu de Catalunya que van interpretar aquest èxit popular de l'actor, dramaturg i home de televisió Rafael Anglada, que la va estrenar l'any 59 al Romea. És d'aquelles peces còmiques que alegraven el país en la llarga marxa grisa del franquisme i que encara es van representant de tant en tant. Comèdies de portes i tresillo, d'embolics i confusions. Tot un gènere, editat per la llibreria Milà i preservat en bona part a l'arxiu teatral Santos, que va arribar a reunir més de deu mil exemplars i que facilitaven la tria a grups indicant-los les necessitats de decorats, d'actors i actrius, i amb jocs mecanografiats dels papers de cada personatge. Assumpta Gonzàlez era una de les autores que brillaven en aquesta producció i representacions, i també tenia una obra on els taxis i els trens hi jugaven un paper: *Arribaré a les set... mort!* Els telegrames, a més dels tresillos, eren una altra eina que servia per desencallar aquella trama concreta. Hi pensava després d'una setmana en què ha costat de desxifrar l'arrel del conflicte del taxi. Tot i que, vaja, s'entén l'amenaça, la por que tenen aquests treballadors que han hagut de pagar unes xifres astronòmiques per tenir una llicència per poder treballar. L'amenaça arriba, com ha arribat a tants altres àmbits i sectors, rere les noves tecnologies i rere els fons d'inversió que es marquen objectius ben diferenciats. Hi ha alguna cosa de recorregut profund en aquesta mobilització, algun toc de neoluddisme. Taxistes destrossant violentament altres vehicles amb conductor i abonyegant cotxes amb clients a dins ens podrien remetre a les estampes d'aquells obrers anglesos que cremaven els telers a principis del segle XIX. La protesta que destrossava les màquines també va arribar aquí, a Barcelona. El 1835 van cremar la fàbrica de Bonaplata i el 1854 es va produir el conflicte de les selfactines (filadores multifusos) a més de a Barcelona, també a Igualada, Camprodon o Alcoi. Hi ha com dues corrents en aquest conflicte laboral que de retruc pot comportar una redistribució de competències fins les instàncies més pròximes: la municipal i autonòmica. Tot això en discussió el dia que després de set anys es reunia la comissió bilateral Estat-Generalitat. Tot es desencalla a la Gran Via, tot i que amb resultats ben diferents.

La transformació

3 d'agost de 2019

Per bé que la traducció més estesa del clàssic de Kafka sobre els canvis que pateix Gregor Samsa, un comerciant de teles que un bon dia apareix convertit en un insecte, una mena de panerola, ha estat el de *La metamorfosi*, darrerament ja circula en català una altra traducció amb el títol de *La transformació* que diuen que s'ajusta més al títol alemany de *Die Verwandlung*. Anem cap a Poblet, on aquesta any la paraula que marca el VIIè Festival de Música Antiga és la de «metamorfosi». Aquí no hi ha dubte de traducció, Jordi Savall, el director artístic del festival, planteja pel cap de setmana del 16 al 18 tres dies que poden transformar i generar metamorfosi personal a qualsevol que s'immergeixi en la proposta.

El festival va eixamplant la seva proposta que, a més dels vespres amb tres concerts de Savall i les conferències, aquest compta amb Dolors Bramon, Xavier Antich i Stefano Cingolani. També ofereix concerts matinals amb formacions emergents i a més, tal com explicava Octavi Vilà, l'abat de Poblet, la reforma integral del Museu de Poblet és un atractiu afegit al de la oferta musical.

Al Museu hi ha com a peça única a Europa, un got de

vidre del segle XIV que servia per col·locar relíquies al peu de l'altar. També s'hi exposa, entre d'altres, el Calvari de Joan de Joanes, un Sant Sebastià de Damià Forment i un Crist d'ivori donat al monestir pel virrei de Nàpols, Pere Antoni d'Aragó. I com a novetat, un nou centre de visitants amb un audiovisual immersiu que explica el perquè del Cister i Poblet.

Però anem a la música, el reclam del festival, a aquesta metamorfosi que planteja Savall, i que arrenca amb l'*Stabat Mater* amb la Capella Reial de Catalunya interpretant les versions de Josquin de Près, Palestrina, Rossi i Charpentier i Scarlatti.

L'*Stabat Mater* musicat per centenars de compositors dona notes i melodies al poema del segle XIII atribuït a Jacopone da Todi, un cant gregorià dedicat a Maria. «*Stabat mater dolorosa*» és el primer vers, («Estava la mare dolorosa»), que explica el patiment de la mare amb el seu fill, Jesús, clavat a la creu. Aquest sofriment, expressat en aquests versos medievals que encara es preserven i que han tingut l'ajut inestimable de tots aquestes músics que l'han anat fent seva.

Dissabte el concert serà el del grup de violes Hesperion XXI, que interpretaran *Lacrimae or seven teares* de John Dowland, del 1604. Una peça que recull les diferents llàgrimes que podem deixar anar entre l'alegria i la tristesa. I diumenge serà el torn del renaixement musical de Nàpols, tot un segle de metamorfosi.

Una oferta d'impressió, com cada any. I això just després que a la Selva del Camp, un any més s'hi pugui veure per la Mare de Déu d'Agost, el *Misteri*, primer drama assumpcionista escrit en una llengua romànica, català de la segona meitat del segle XIV, una autèntica joia del teatre medieval.

Moltes vegades no sabem ni què tenim a les mans. Si estem parlant de veritables joies que ens fan mirar enrere. I és tant important saber què tenim. De ben segur que molta gent coneix el *Misteri d'Elx*, i en canvi desconeix aquest altre de la Selva, que bona part del poble viu amb passió i alegria quan saps que fas aquest paper de baula. Aquest paper de transmissor. En el cas de Jordi Savall, i de tots els músics que es dediquen a la música antiga, la passió ja és professió, però en el cas de la Selva, la devoció trenca sostres.

Deixeu-me que hi apunti, per bé que en clau més festiva i alegre, sense aquesta càrrega de patiment, una altra joia, la festa del Renaixement que es fa a Tortosa a mitjans de juliol, i que fa que tota la ciutat es transformi, tingui una metamorfosi que permet acostar-se a la vida quotidiana del passat al nostre país.

Aprofitem totes aquestes oportunitats i les altres mirades sobre aquest passat, llegendes com la del Rescat de les Cent Donzelles a Vila-seca, o la Festa de Pirates i Corsaris a La Pineda. Si no ens aturem a pensar o assaborir aquest llegat, quin futur sòlid podem construir?

Enciam en remull

6 d'agost de 2021

Poso les fulles de la lletuga d'enciam en remull perquè reviscolin enmig de la calorada. Preparo l'amanida i vull un enciam ben cruixent. Per això el banyo. Tenim tanta varietat de tot que per això ens acostem als referents de quan érem petits. En dèiem lletuga al que després se n'ha dit romana o orelles de ruc, com m'apuntaven ahir a la botiga. La lletuga al costat d'altres enciams més crespats, com sortits de la perruqueria, o més flonjos, d'una textura angelical. I no entrem en l'àmbit del tomàquet i dels cirerols perquè no hi ha pou espai per repassar varietats, des de l'autòcton benac (o benach o banac), fins als èxtasis, i el nas de bruixa o els de barbastre, i tants i tants altres: raf, montserrat, kumaco. Necessitaries a Roberto Calasso per posar-hi ordre. Però Calasso s'ha mort. Aquest escriptor i editor italià, amic de Jorge Hedrralde, l'hem conegut aquí per una pila d'assajos que van fer que algú com Leonardo Sciascia digués que «Estan destinats a no morir». Tinc a les mans un llibret que es diu *Com ordenar una biblioteca*, i també *El cazador celeste*, on narra la metamorfosis del segle XXI, des de l'home caçador passant pels mites: «Per què Zeus va permetre que el seu germà Hades raptés la seva filla Persèfone, desesperant així la seva mare, Demèter?». Això per cert, em recorda la visita a l'exposició que teníem fins a finals de juliol al Caixa Fòrum de Tarragona, «Art i mite, els déus del Prado», i que ens va refrescar una mostra de les obres que hi ha al museu madrileny, que paguem entre tots plegats. Calasso, un erudit que se n'ha anat, però que ens deixa aquestes pistes de cap on mirar per entrar en la profunditat humana. Passa sovint que se'n va algú que ens havia estudiat a fons, i que en canvi nosaltres descobrim quan marxa. També és cert que sabem més de certes morts que d'aquelles que ens són més properes, les d'antics veïns i coneguts que, amb aquest ritme vital que tenim, ens passen de llarg.

Però, amb l'enciam en remull, i mentre també busco una ceba que perfumi l'amanida (darrerament semblen desterrades del dia a dia), penso en aquesta traçabilitat de la cultura i dels mites, i de la profunditat de l'ésser, i del peix al cove. Perquè en clau política, i d'infraestructures, la setmana no podia haver començat més forta: tindrem l'aeroport de Reus connectat per AVE amb el de Barcelona. El de Reus i el de Girona, de manera que la idea que he expressat alguna vegada, en certa manera agafa cos. L'aeroport del Prat guanya dues pistes, les de Reus i Girona, a banda de la prolongació de la tercera de Barcelona, que és el que vol AENA. El dia de la reunió de la comissió bilateral, tres anys sense fer-ho, la notícia se la va endur l'ampliació de l'aeroport d'El Prat, pactada en una altra reunió prèvia. Una inversió, caixa o faixa de mil set-cents milions d'euros, que ha de passar pel sedàs ambiental de la Unió Europea, que vigila quin impacte té sobre els espais protegits cada gran obra que es fa. AENA no s'ha volgut deixar perdre la iniciativa que li permet seguir guanyant diners. Quina ha de ser la mirada i objectiu del Govern català, que havia organitzat una taula de consens amb ajuntaments i agents econòmics i ecològics? Doncs de moment, no posar-s'hi de cul i mirar de treure'n un benefici perquè el país no quedi despenjat. Reformular l'ampliació per minimitzar impactes i pensar en com evoluciona la tecnologia de la mobilitat, també l'aèria, amb nous combustibles, com l'hidrogen verd o l'elèctric, per esmentar els que avancen ja per carretera. L'anunci ha generat turbulències al Govern espanyol, i caldrà veure com es concilien les diferents posicions a Catalunya, mogudes sovint per una lectura massa simplificada.

La reunió de la tarda, tot i els tres anys i la tirallonga dels quaranta-sis incompliments i que s'hauria de resoldre amb facilitat, va com va. Tan aviat et diuen que et donaran dos-cents milions que fa set anys que estan endarrerits, com se't ventilen la gestió dels MIR (metges interns residents): no te'ls transferiran, t'hi posis com t'hi posis. Ho va dir Carolina Dàrias, que ara és a Sanitat i abans a Polítiques Territorials. Podem dir, doncs, que tot i els mites i la profunditat de l'ànima humana, hi ha coses que no canvien, que deuen ser estructurals. Amb això de dilluns es demostra que tu pots anar parant el cove, que sempre és l'Estat qui decideix quin peix et dona.

Trec l'enciam de l'aigua i l'eixugo bé perquè si no, en comptes de cruixent me'l menjaré massa reblanit. Com a mínim, que pugui decidir això!

La flor de l'atzavara

11 d'agost de 2012

El nostre és un exèrcit d'atzavares florides. Llances palplantades al servei dels generals de la Generalitat per afrontar aquest mal pas que tornem a tenir al davant. Aquests dies només veig flors d'atzavara. A cada revolt de carretera, a cada barranc. Enfilades cap al cel, com el coet que deixa un esclat i flamarada a la base d'enlairament. L'atzavara oberta, amb el rosetó punxegut a terra i la llarga tija de fins a vuit metres d'altura, amb aquests poms de minúscules flors grogues fent pinya, les panícules, en diuen els botànics. Fimbrant i anunciant, en el moment de màxima bellesa, la mort de la planta. I és que l'atzavara, que ens reclama una mirada, només floreix un cop a la vida. Cada deu anys, deia el pare, o entre deu i vint-i-cinc, diuen els llibres. Bella i pràctica. Les temibles punxes de les seves fulles les havíem aprofitat, com homes prehistòrics, per burxar i enfilar uns quants caragols bullits i sucats en una bàssia d'allioli o de romesco. La retrato amb el mòbil. Amb tots els filtres que permet l'Instagram, del Normal al Kelvin, passant pel Toaster i el Nashville. Amb això de les aplicacions dels telèfons i les xarxes fotogràfiques cada dia creuem el planeta, com al seu moment l'atzavara va creuar l'Atlàntic des de Mèxic.

És allà on han sabut treure més profit del que anomenen agave. Del suc fermentat de les fulles, el *pulque*, que ja aprofitaven els indígenes, i els destil·lats: el mescal, aquell que fins i tot duu un cuc a l'ampolla, i el tequila, fet en una zona i atzavara concreta. Pere Calders a *L'ombra de l'atzavara*, ja ens explicava als anys seixanta, tequila a banda, la vida de Deltell i altres exiliats catalans a Mèxic, i l'estructura social mexicana. Hi ha qui diu que amb aquesta crisi reviurem les conseqüències d'una guerra civil sense morts. I de fet ja hi ha molts joves i no tan joves que han començat el seu èxode arreu del món. Un exili professional buscant la feina que no troben aquí, malgrat la seva formació i experiència. I potser més de quatre la trobaran a Mèxic i ens hauran de reescriure l'ombra de l'atzavara.

Volar

12 d'agost de 2017

Trepitjar escenaris reals d'històries que hem sentit o que ens han explicat. Per això serveix també l'estiu, el poder viatjar, volar. Sense fer-ne una obsessió, aquests dies he pogut trepitjar alguns dels escenaris que va trepitjar Maria Estuard fa cinc-cents anys a Escòcia, quan en va ser reina. Què et fa buscar un destí de vacances? Potser aquest desig íntim de ser als carrers i edificis, a castells i palaus, Edimburg o Glasgow, on va ser dies, hores i anys la reina enfrontada entre ambicions i destins a la seva cosina Isabel d'Anglaterra n'és una excusa. Són les protagonistes de la genial batalla de reines, el text preromàntic de Schiller, que van representar magistralment Sílvia Bel i Míriam Alamany al Teatre Lliure, dirigides per Sergi Belbel, i que tornarà a la cartellera aquest mes de novembre. Compto les hores. També les devia comptar Maria Estuard abans de la seva execució. Una vida que agafa cos a les planes de la seva biografia escrita per Stefan Zweig. «Consumada la desfeta, cal buscar als llibres. Són les caixes negres de la Història», tal com diu Ramón Andrés en un aforisme. Les vides dels altres per fugir de les nostres, o per recrear-nos en les dels altres. Descobrir tot un món i moure's per la immensitat de la realitat virtual, de la mateixa manera que busca i es mou Link en el vídeojoc de la *Llegenda de Zelda*. Aquesta altra mena de caixes negres que serviran per refer la memòria a través del joc. També hi ha joc en el viatge. També ens busquem i descobrim, també fem la nostra biografia viatjant. Per això la gent se'n va a l'aeroport d'El Prat de matinada, mirant de superar la por a no poder volar. El pànic a perdre un avió que has estat esperant durant tot l'any. Per reconèixer escenaris, els de Maria Estuard o les muntanyes de Zelda. Seguir la petjada de reines i princeses, per acabar trobant un borratxo que espera l'exèrcit de salvació. Fem cua de matinada per anar a la nostra descoberta. Perquè, com diu Ramon Andrés, no hem de buscar oasis, hem de buscar esvorancs.

La samfaina

13 d'agost de 2011

Una samfaina no fa estiu. Per això fa aquests estius plujosos. No és el canvi climàtic, no. És el canvi d'hàbits de la població, i especialment els usos i costums alimentaris el que provoca la indignació dels elements de la natura. És cert que ara ja hi ha de tot, tot l'any, i que per tant costa de saber quan és el temps de cada cosa. El de les cireres, el de les figues i el de les albergínies i pebrots. I qui no està avesat a anar al mercat o a conèixer els ritmes de les plantes, ha perdut l'oremus biològic. Per a mi la samfaina fa estiu. És ara quan agafen millors colors els carbassons, pebrots verds i vermells i albergínies, amb aquelles pells liles i de lluïssor magnètica, i en la llista hi afegim la ceba i el tomàquet. Fora de norma, i com si fóssim mallorquins, la mare hi afegia patata, que ho acaba d'arrodonir. La samfaina, que pels receptaris té condició de salsa, per a mi té tota la consideració de plat. La carnositat de les verdures, aquell cruixir amorosit, l'oli ataronjat a la paella, per la coloració de pebrots i tomàquets, li donen tal potència de sabor i aroma, que fan que qui jugui com a visitant, sigui el pollastre, el bacallà, l'ou cargolat, la tonyina o els peus de porc. És una combinació simfònica. Un plat de corpus gastronòmic, que a les Illes du el nom de tombet, a la Catalunya Nord, *ratatouille*, i a Sicília *caponata*, i que s'emparenta amb la titaina de València. És cuina mediterrània per excel·lència d'aquesta que ens posem a la boca però no al pap, segons delaten les enquestes.

I és que hem canviat, i per això canvia el temps. A més de vida sedentària, no tenim esma ni per escalivar una albergínia al flam dels fogons de gas. L'escalivada ha fet més fortuna que la samfaina. I això que és més laboriosa. Però les virtuts dietètiques de la seva cocció depassen les dels fregits. I a més, la industria de la quarta i cinquena gama ens ho dona mastegat. Gairebé. Segur que també hi ha feina avançada per la samfaina, però i el gust de veure com es va fent? De com es fa el gust de l'estiu?

Roig

13 d'agost de 2016

Dia admirable, ben lluminós, música de colors. Festa de la verema i trepitjar els raïms; quelcom de pagà. El mar. Joan Miró, des de Mont-roig del Camp, escrivia a Lola Anglada el 18 de setembre de 1917. Repasso l'epistolari català de Miró editat per Barcino. M'hi passaria hores anant amunt i avall de la correspondència amb Picasso, Ricart, Ferrà, Ràfols, Juno y... L'edició és una joia que conté, a més dels textos de les cartes, les postals que enviava Miró i reproduccions dels quadres que anava pintant. Per exemple, un carrer de Prades, i Prades el poble, aquest darrer al Guggenheim de Nova York, o la platja de Cambrils, o dones de Siurana, i l'església de Mont-roig, a més de la famosa Masia, on vivia, escrivia i pintava. Entre les postals n'hi ha una de l'ermita de la Mare de Déu de la Roca des d'on hi ha una miranda preciosa del Camp de Tarragona. Hi ha la llum que Miró es va endur a la retina. Anar-hi és anar rere les passes de Miró. És assaborir la seva font primera. Encavalcada en el que sembla un impossible, damunt de la roca, hi ha una segona ermita dedicada a Sant Ramon de Penyafort. Cúbica, a tres-cents metres d'altitud, pintada de blanc perquè servís de referència als mariners, damunt de roca sorrenca i vermellosa. Miró, que va quedar impactat per aquest color roig «envinagrat», també la va pintar. Tot plegat m'ajuda a entendre on som, difícil equilibri etern. A la nit, a casa, llegint un dels contes per telèfon de Gianni Rodari a la canalla per anar a dormir, vaig a petar a *El nas que fuig*, un nas que fuig del rostre del seu amo i que creua un llac estenent un mocador damunt l'aigua, com a la llegenda de Sant Ramon de Penyafort. Al patró dels juristes se li atribueix una travessa de Sóller a Barcelona damunt de la seva capa. Si aquest fos un país amb consciència patrimonial, amb coneixement, amb nas, l'autovia no hauria degollat la finca, la Masia que hauria de ser un altre santuari mironià a banda dels de Palma i Barcelona. Naveguem massa sovint damunt de llençols.

Fruits saborosos

14 d'agost de 2021

Ara que som a punt de creuar el pas de l'Equador estival —la Mare de Déu d'Agost, que a més concentra el nombre més gran de festes majors d'estiu del país—, deixeu-me que m'afermi al voltant de la idea del préssec pla. Aquest préssec, conegut també com a paraguaià, que aquest any he integrat com cap altre a la meva dieta diària. M'ha robat el paladar. També és veritat que no només ell. Aquest any he volgut que fes costat als préssecs de vinya i als d'aigua, i que també hi hagués nectarines. També les prunes en la seva gamma diversa, de colors, textures i volums. I els albercocs. I ja hi han anat entrant peres llimoneres. I comencen a treure el cap els moscatells. Aquest món esfèric, que dominen la síndria i el meló, i en el qual estic a punt de fer mimesi. Tots ells fruits saborosos, com els de l'Arcàdia de Josep Carner. I del préssec: «Cal·lídia i els préssecs», la «més graciosament arrodonida», la que és «tota com un dia d'agost que no vol crits», quan els seus braços nus allarguen com un do el poeta, «el fruit perfecte, arrodonit amb pausa». El joc del moment li fa veure sensualment «els préssecs més rodons als teus dits». Més tard Carles Riba, poeta més jove i coneixedor de l'obra de Carner, va dedicar uns versos a les *Elegies de Bierville*, en què una jove que neda cap a l'estiu excessiu fa lliscar amb moviment d'arbre la seva túnica i queda nua dins l'ona.

Aquests fruits saborosos que ajuden a bastir l'imaginari amorós, eròtic, poètic, lluiten aquests dies amb l'onada de calor. Reposen a la nevera tot esperant la comparativa. El tast del gust, la dolçor, l'aigua i la carnositat. I veure com les variants s'arrengleren l'una al costat de l'altra, el pla, un préssec esclafat, una mutació de fa dos mil anys a la Xina i que no ha esdevingut popular aquí fins als noranta, malgrat que ja havia arribat a Europa el 1820 com a préssec de Java. Carner no el va tastar, d'aquí la delícia de Cal·lídia!

Melons

16 d'agost de 2014

El meló a l'estiu passa gola avall com una caldereta a Sibèria. És clar que els pagesos s'han hagut d'espavilar perquè Putin aplica el veto a l'hort europeu com a rèplica a les sancions de la UE. Fins a Malàisia arriba ara la producció catalana.

Mentrestant, a l'hora d'esmorzar als hotels de la costa catalana, turistes russos i ucraïnesos carreguen de fruita per passar el dia i ves a saber si alguna pera se saltarà el veto dins d'una maleta. Aquest haurà estat un altre estiu difícil per a la nostra fruita, a més de la que busca nous mercats, amb l'estampa de la destrucció dels préssecs, excedents europeus, per jugar amb els preus, o la que acaba abocada a les carreteres franceses com a les velles èpoques, sumada a la queixa continua de la fruita seca. Un drama. El contrapunt el podem donar nosaltres, consumint-ne.

Un meló que competeix als gibrells i safarejos amb les síndries per veure, banyat en aigua, qui arriba més fresc a taula. A la nevera només hi ha de ser quan ja els hem encetat, que si no arriba un punt que ja no saps ni què hi busques, a la nevera. Un meló d'aquests de pell de gripau, amb la dificultat de fer unes bones llesques. De la mateixa manera que fan cursos de *sushi* i ganivets japonesos, se n'haurien de fer de tallar meló i síndria. És un art. Amb el ganivet fent cruixir, fent petar l'escorça i fent brollar aigua de la carn verosa del meló, una polpa ribetejada de fils grocs. Mel. Com també és tot un art encertar el moment de dolçor òptima. El pes i un peduncle tou donen pistes, però la millor manera és encetar-lo.

Aquesta expressió sí que ha fet fortuna! «No és moment d'encetar aquest meló» es fa servir en política, des dels temps de la successió de Felipe Gonzàlez, i darrerament, amb el procés sobiranista, sobre la Constitució. No se sap si és prou madura com per encaixar una reforma, i tenen raó. S'haurà de fer com amb algun meló, esclafar-lo contra el terra per veure si es pot menjar ni que sigui un bocí o val més comprar-ne un altre.

Amor d'estiu

16 d'agost de 2016

La teva pell, territori d'expedició estiuenca. De qui, a banda de tu? Estirats, l'un al costat de l'altre, els amants d'estiu, acabats de conèixer en una platja, tindran la sort d'explorar-se sense necessitat de saber gran cosa l'un de l'altre. Sense prejudicis, sense malentesos, sense crits. Tot són rialles, tot és ballar, tot és prendre el sol. La teva esquena de vertigen serà menjada per uns petons que van de pas, com aus migratòries. Els teus llavis abeurats de cansaments i la teva mirada robada amb complaences mecàniques en tindrà prou. No preguntarà més, farà el que toca fer: jugar. Hèctor i Paris en dansa, Helena, Afrodita, i el laberint de passions, i de ferides. Quina fortuna, quina sort no tenen els amants d'estiu, moguts només pel desig i l'atracció fugissera. Sense necessitat de ser el pa i la sal, sense la incomunicació establerta, sense la tristesa. Sense la por de perdre't, perquè havent-te tingut una nit, un parell, ja se'n fa prou. Això es pensen! Una nova platja, un nou amor. Aquest és el joc, aquesta és la distracció. La memòria els confondrà passades unes setmanes, malgrat que ara els sembli impossible que es fugin del cap l'un de l'altre. La distància, el retorn a casa farà que l'amor d'estiu es fongui sota aquesta calor que bada les pedres. Mentre jo sense tenir-te, t'imagino a cada segon des que surt el sol fins que es pon. La teva pell bronzejada, els teus genolls barrera de corall, la teva panxa de palaia, se'm fan absència inabastable, i les paraules em pesen com a cairats. L'amor d'estiu, programat sense sentit, mentre jo ja no tinc ni respostes programades. Pretendent etern que somnia despullar-te cada dia. Mentre a Sant Petersburg s'espanten de la nuesa de David, ni que sigui la d'una rèplica de l'escultura, i a un aeroport de la Xina un holandès errant ha acabat hospitalitzat després d'estar-se deu dies esperant un amor d'internet. No es van entendre. No ens entenem, per això cada any envejo els teus amors d'estiu.

Arròs de festa

17 d'agost de 2013

Arròs, escudella d'ànec i pollastre rostit amb una amanida d'enciam, tomàquet i pebrot negada d'oli, i traguejar de ferm. Cassoles fumejants i tres dies seguits menjant. Aquesta és la planificació de la cuina del Sant Quinze d'Agost, festa major d'estiu en què Catalunya esdevé un envelat monumental. Així ho veia l'any 1930 el periodista Jaume Passarell. El temps passa, però la Mare de Déu d'Agost segueix marcant festa i focs d'artifici a bona part dels pobles catalans que fan festa major d'estiu. Potser ha canviat l'àpat. Els plats estiuencs que han trencat l'estacionalitat de manera més clara són l'escalivada i el pollastre a l'ast. Abans el pebrot i l'albergínia escalivats eren les banderoles virolades, i el pollastre amb patates de bossa eren els gallardets d'aquest envelat culinari dels mesos d'estiu. Ara te'ls trobes tot l'any, com els gelats, és clar. I l'arròs també és un plat de tot l'any, i fins i tot amb dia de la setmana, els dijous. Potser no de festa major. Però un estiu sense un bon arròs a la cassola o una paella directament, no deu ser estiu. I sí, dic paella, perquè la cassola, ja sigui de test o bé de ferro colat, també ha anat reculant per deixar el primer pla a la paella, també al Principat.

Jo soc més de cassola de fang, però cedeixo. En l'atuell, no en la manera de fer. Ni en les proporcions d'aigua o de fumet. En el sofregit, en enrossir calamar, gambes i llagostins, ceba, pebrot, tomàquet. D'arròs més aviat sucós, per bé que també faig amb el més sec de la paella o de l'arròs a banda, amb el peix i les patates i un bon tou d'allioli com a primer. D'arròs negre o de bacallà. Aquesta cadena d'arrossos que uneix, amb tots els matisos que vulgueu, la cuina del País Valencià amb la del Principat i la de les Illes. La paella que els turistes necessiten com el segell que acredita al seu passaport que ens han visitat. I que es cruspeixen a tota hora i a qualsevol lloc. I els estiuejants que carretegen paelles d'encàrrec tapades amb paper d'alumini i amb tovallons de paper a les anses, i amb la il·lusió als ulls que aquesta serà bona. I d'aquí ve. L'home no és que sigui l'únic animal que ensopega dos cops en la mateixa pedra. És que, sabent que només et pot agradar l'arròs que fas tu, encara t'entossudeixes a demanar-ne al restaurant, confiant que avui sí que l'hauran encertat.

Fabiola i Àngela

20 d'agost de 2011

El braç de Fabiola em mira escapçat, tallat al biaix des de la nevera, on el deso per no devorar-lo tot. És un d'aquells pastissos descastats, d'arrel popular i que costa de trobar als receptaris. L'últim poble a recuperar la independència —ara que amb la crisi tot clama pels reagrupaments municipals—, la Canonja, se n'atribueix la invenció. És clar que és una invenció de ràpida i extensa difusió. I senzilla i gustosa. Un troc de galetes Maria Hojaldrada ben sucades en llet o en cafè, va a gustos, i encavalcades en un tou de mantega, sucre, rovells d'ou i coco ratllat. El coco en aquest pastís és la palmera dels focs d'artifici, hi dona l'explosió exòtica. I ens el trobem encara a la cobertura, amb les clares muntades al punt de neu que li fan de fràgil capa. I si pregunteu, encara trobareu variants amb xocolata i presència de rom, o de moscatell en la galeta. El braç de Fabiola no necessita cap tipus de cocció ni de forn ni de foc. Treu profit de la feina prèvia de les galetes que li fan d'esquelet. És simple i s'ajusta també a les necessitats d'austeritat dels temps que corren. Corre en la memòria culinària d'àvies i mares, i hi ha qui el lliga als anys seixanta, a l'època en què Balduí de Bèlgica es va casar amb Fabiola de Mora i Aragó i ocupaven les portades de les revistes del cor. Cada vegada que hi apareixia, jo em mirava bé les fotos per veure si és que la dolça inspiració havia vingut del braç real o si la recepta era directament la del pastís de noces. Tampoc sé si ha fet fortuna a Bèlgica, on tenen un altre pastís: ahir mateix es van reprendre les converses del preacord de govern de vuit partits flamencs i valons. Si tot va bé en tornaran a tenir després de quatre-cents dies. Un rècord històric! I nosaltres? Se suposa que justament estem governats des de Brussel·les. I que Merkel i Sarkozy encara promouen un govern financer per la zona euro. Ja veig que en el futur, enlloc de Fabiola, haurem de preparar el braç d'Angela. Serà més consistent i no tan llépol.

Pagesos trinxats

20 d'agost de 2016

Els pagesos es queixen que no poden ni circular per les carreteres. Trinxem el territori a base d'unes connexions inconnexes: autopistes, autovies, nacionals, comarcals, gasoductes, alta tensió, trens i corredors, i enmig de tot plegat encara hi ha un bocí de terra que dona fruit. Però els que hi tenen millor accés són uns senglars que es pinsen a base de tot el que troben. Allà on hi hagi un punt d'aigua, hi acabarà havent una corrua de senglars que ho devastaran tot, que no tenen espera perquè tenen gana. A mi em cau l'ànima als peus només de veure tanta destrossa. I aquells que en viuen encara tenen un nou problema afegit. Mon cosí Josep Andreu diu que aviat només hi podran accedir en helicòpter a les terres on treballen, a Vila-seca. Els germans Crusells, pagesos de Riudoms que també han sortit al carrer, com sempre, per defensar els interessos de la terra en l'ampli sentit de l'expressió, lluiten contra l'altra plaga: la dels senglars amb els anomenats pastors elèctrics. Un sistema que s'ha anat estenent arreu del país: un tancat electrificat com el que hi ha a les muntanyes per recloure bestiar. Aquí es reclouen les plantes. Així eviten que els porcs s'atipin de tomàquets i verdura. Vaig visitar la finca del Ton i del Joan, on un seguit de tomàquets cirerols o l'allargassat de nas de bruixa o el rosa de Barbastre o el de Benach per dir-ne de quatre tipus saborosos, absolutament deliciosos, em van fer recuperar l'ànim, enmig de tant d'enuig. La natura fa el seu curs i la terra ben cuidada dona fruit. Tomàquets, bajoques, esbergínies que mereixen capítol a banda, i unes síndries emblema de què és refrescar-se a l'estiu. Ara sense llavors, per saviesa i estudi genètic, que no transgènic. L'estampa d'una enorme síndria posada a refrescar en un safareig, mentre gira i rellisca banyant-se a l'aigua és d'aquelles que m'ho han dit tot. Essència estiuenca. I és el mateix home el que fa que la terra llueixi o que s'apagui. No ben bé el mateix perquè els que la treballen fan un paper que es mou entre el de l'heroi i el del màrtir.

Rajola blanca

22 d'agost de 2015

El planeta està a punt d'acabar enrajolat. Rajoles blanques, ceràmiques, encavalcades, com del metro de Nova York. Són arreu. S'escampen com el mosquit tigre o el cargol poma. Com una plaga, que ocupa les parets de gelateries, restaurants, botigues de tota mena. Amb aquest toc *retro*, *deco*, *vintage*. Ho veus a la Barcelona turística i a la domèstica, i a la Catalunya turística i real. La renovació de locals passa per enderrocar els envans vells i aixecar-ne de nous, però amb una aparença antiga. Buscant l'essència, l'autenticitat que acabem d'enderrocar. Es veu en aquests lloguers de renda antiga que ara han deixat pas a franquícies comercials. Rajola blanca i parets escatades, deixades a mitges. I per què hi aposten tots els interioristes del món, o si més no del món occidental? És l'habitat natural de *hipsters* i assimilats? És l'espai que ens fa viatjar cap el passat? Ens fa tornar a la infantesa que generalment és un temps que fa de bon recordar, quan la vida encara no s'ha torçat del tot? I si viatgem a la infantesa, ens instal·lem en una zona plaent, còmoda, i això ens fa beure cafès com esperitats, menjar gelats a la desesperada i comprar objectes, llibres, souvenirs? La rajola blanca és el pa amb vi i sucre dels berenars, és la síndria de les fruites estiuenques? Tots els interioristes reciten J. V. Foix? Han fet la síntesi d'enamorament i exaltació, de nou i vell?

Tranquils, no tots. La globalització encara té excepcions. Potser passejarem pel centre d'Amsterdam, Barcelona, París, Reus o Girona i acabarem topant amb les mateixes botigues, però encara hi ha marge per la singularitat. El pèndol de l'interiorisme també té el sector Rei de la Gamba, i les fotos de calamarcets, musclos i seitons amb vinagre omplen les façanes de tota una altra gamma de restaurants i botigues de color i lluïssor, com si el record que volguessin provocar fos tot un altre. Per desgràcia, també hi ha molta gent que ha tingut una infància turmentada i la rajola blanca no els diu res.

Descobrir-nos

22 d'agost de 2020

Remullat per l'aigua dolça de la Noguera Pallaresa, al Pallars Sobirà o per la del Toll Blau dels Estrets a la Terra Alta, m'he sentit com una criatura. Com un xiquet amb sabates noves. Provant nous jocs. Una aigua fresca que renova els sentits enmig d'aquests onades de calor que han marcat els dies centrals de l'agost d'aquest 2020. El turisme de proximitat, aquest que moltes vegades deixem per un cap de setmana, és el que hem practicat o que encara practiquem bona part dels catalans que hem tingut l'opció i possibilitat de fer-ne. Sí que n'hi ha molts d'altres que han seguit alimentant el cuc viatger, el d'anar més enllà, ja sigui arreu de l'Estat o allà on la vigilància de la covid ho ha permès. El desig de descoberta ens fa anar a destinacions més exòtiques, allunyades, selves tropicals, deserts, que ens obliguen a fer esforços per entendre'ns, per tastar nous gustos i plats. Del Machu Pichu a Hanoi, de Moscou a Los Angeles. És clar que quan viatgem deixem enrere l'escenari diari, que associem a feina i maldecaps, i ens fa la impressió que trepitjant una ciutat diferent a la nostra ens marxaran els maldecaps. Però aquest estiu 2020, el dels cribratges aquí i allà, els d'anar esquivant la pandèmia, ha fet que gorgs i avencs, tolls i olles, hagin marcat el ple, com també ha passat a mar en algunes cales. Aquesta impressió de descoberta que tenim quan anem pel món l'hem recuperada pel nostre país. Amb mirada ampla i aparcant els tòpics. Pobles, ciutats i comarques, rius i platges, muntanyes que deixàvem per un altre dia i que hem trepitjat aquest agost. I tenim clar que per al sector turístic, com a indústria, aquest serà un any per oblidar, nefast, però l'altra cara de la moneda ens fan notar com a mínim un parell de coses: el gran atractiu, divers i variat, que té Catalunya, i la feinada que encara hi ha per polir deficiències de servei i ampliar el potencial. I de retruc, la pròpia ignorància que només podem combatre recorrent-lo i coneixent-lo una mica millor cada dia.

Mores

24 d'agost de 2019

Viure dels marges. Que no és el mateix que viure als marges que és allà on viu bona part d'aquesta societat extraviada. Menjar dels marges, espàrrecs, rovellons, i mores. Ara és la seva hora. M'hi acosto perillosament. El perill és una esgarrinxada o anar a petar de cap al barranc. En tinc unes quantes que m'esperen a tocar d'un canyar. Uns esbarzers que han agafat volada, vull dir volum. I amb la creixença més punxes que volen fer la meva captura una missió impossible. Com aquests robatoris sonats que hi ha de tant en tant als museus. En parlava amb els meus fills aquests dies que hem fet una fugida austríaca. I al Belvedere vienès, mentre badàvem i redescobríem les taques a l'oli que han bastit tantes imatges i colors, de Gustav Klimt i el seu petó o l'abraçada d'Egon Schiele i tants d'altres, ens vam embrancar en els robatoris que ha patit *El crit* del noruec Edvard Munch, que també té obra exposada a Viena.

El 12 de febrer del 94, mentre Noruega gaudia de la inauguració dels Jocs Olímpics d'hivern, un lladre amb una escala, Pal Enger, s'enduia el famós quadre, i com que sabia que tota la policia era als jocs, els va deixar nota i tot. El van enxampar tres mesos més tard, després que hagués amagat el quadre a la taula on la seva mare i oncles jugaven a cartes cada dia. El 22 d'agost del 2004 tres encaputxats, pistola en mà i amenaçant qui no es llencés a terra, se'n van endur una altra còpia gran del museu Munch d'Oslo. La policia va necessitar dos anys per recuperar-lo després que un dels lladres confessés que no trobaven mercat.

Ara han reforçat la seguretat amb tota mena de vidres gruixuts. I jo, un 22 d'agost, miro d'endur-me les mores dels esbarzers del camí. He esperat que maduressin, que passessin d'un primer vermell esmorteït, a un roig encès i, finalment, a un morat que els dona nom i gust. Una pell tibant que t'esclata a la boca plena del suc que deixen anar aquesta conjunció, aquesta agregació d'esferes perfectes. I ho faig mirant que no se'm clavi una d'aquestes pues, ja sigui a les mans o a les cames, mentre allargo braços i cos en posats impossibles, imitant els models de Klimt, Schiele o Munch.

Connectar

27 d'agost de 2016

Deia el poeta maleït Charles Baudelaire que el viatger veritable és aquell que viatja per viatjar. Aquests dies molts dels que ho poden fer viatgen buscant allò desconegut, allò nou, com a únic camí de retorn. Empresonats en el present, busquem vestigis del passat per encarar el futur. Una nova embranzida, tallant per uns dies la connexió amb el nostre entorn quotidià i immediat. Què ens guia en el viatge? Hi ha una brúixola espiritual que acaba establint un territori, una geografia mítica?

És clar que Baudelaire en els versos del seu poema *El viatge*, en la tria entre cel o infern, es queda en el que sigui nou, però en aquest nou món tecnificat dels nostres dies els límits de la realitat han exhaurit fins i tot la novetat.

Resseguim camins, platges, ciutats, carrers, monuments, racons fotografiats i llençats a les xarxes des d'infinites mans i aparells. La marca del «jo he estat aquí» navega i s'exposa. Moments i rialles exhibides en aquesta cartografia personal. Volem trepitjar escenaris vistos i explicats per poder veure'ls i explicar-los nosaltres mateixos. Perquè el viatge també és una experiència transformadora. Potser ja ningú busca la pedra filosofal, que diria Rafael Argullol, però sempre ens acabem buscant a nosaltres mateixos. Mirem de completar-nos afegint quilòmetres, volant, caminant, conduint, estan estirats a la platja. I un cop desconnectats, qui no ha tingut el somni del viatge constant, de tallar de manera permanent? El desig de la descoberta constant, nous carrers, noves ciutats allunyades. En l'era de la connexió permanent sort en tenim (amb ironia) del *roaming* i del cost de la itinerància si ens volem evadir. Una mica de wifi ens refrescarà quatre dades. Fins que el calendari avança implacable i et diu que la reconnexió t'espera. Que tot i la recerca, allà on et seguiràs coneixent és d'allà on vens, d'allà on has sortit i on acabes tornant. El coneixement que acaba sent la principal font d'error i la gran justificació de qualsevol viatge, llunyà o proper.

Avellana verra

31 d'agost de 2013

Estic fregit! Fastiguejat. Tinc la impressió que els pocs caçadors que queden deixen engreixar les cries de porc senglar i tampoc maten les femelles, perquè segueixin criant.

La sobrepoblació de senglars està a punt de transformar-los en domèstics de tan omnipresents; destrossen horts i conreus de tota mena. No sé si seguir l'exemple d'alguns veïns que han encerclat els seus trossos de terra amb uns tancats de cables que descarreguen electricitat així que els animals els toquen, tal com es fa a les comarques del Pirineu, allà on cavalls o vaques pasturen en semillibertat. És clar que també corro el perill de patir un lladronici de cable, que està molt en voga. Mentrestant, com que rego els avellaners, els molt porcs aprofiten la humitat per pastar fang, que és el que els fa anar d'una banda a l'altra. Els animals esgarrien la terra, entaforen el morro fins a les arrels dels arbres i ho deixen tot ple de clots. Ple de clofolles, trenquen branques i destrossen els marges.

El que fa un temps havia estat una dedicació no exempta d'un cert bucolisme, plegar avellanes en tombar setembre (i sí, plegar de terra, per comptes de collir), té un nou entrebanc, els senglars. A més d'uns preus rebentats i manca de relleu generacional, la mecanització ja fa anys que va canviar l'estampa d'aquell plegador que en un dia es feia un sac. El que es busca per tornar a engrescar el conreu de finques en decadència és el recanvi dels arbres per varietats de negreta (la més estesa al Camp de Tarragona) empeltades amb un peu americà que evita plagues i fa créixer l'arbre amb una sola soca. Això permet reduir un trenta per cent els costos, i el rendiment pot augmentar un trenta-cinc per cent. Així ho pensen la gent de Coselva, que miren de canviar una tendència que ha fet reduir les explotacions de l'avellaner de quaranta mil a deu mil hectàrees. Una avellana de la millor qualitat, la catalana i la italiana, que interessa a la indústria, com ara a la xocolatera Ferrero, que compra una de cada tres avellanes del planeta. Quin absurd que augmenti la preocupació per l'abastiment d'aliments i que deixem terres abandonades. Però tot això aquell informe fantasma de Método 3 sobre l'avellaner no ho analitzava. Llàstima, potser es fixava més en com mantenir el senglar!

Els fideus

1 de setembre de 2012

Quan les caixes eren caixes, i el món era món, regalaven calendaris i discos. Començava l'any i passaves per la sucursal a recollir el pas dels dies estampats a la paret. Arribava Sant Jordi i et regalaven el disc de la Motta o la història de Soldevila. El meu full de calendari favorit d'aquella època és el d'un que va distribuir Caixa Tarragona, fet amb fotografies de plats i receptes. Fotografies de peixos lluents i viandes, picades i suquets, tomàquets i pebrots. Una mena de *La teca* il·lustrada de distribució mensual que volia rescatar la cuina del país en reconstrucció. La recepta que em va atrapar és la d'un full que em feia pujar a bord d'una barca de pescadors: el rossejat de fideus.

És clar que si fos ara potser en dirien fideuà perquè molts restaurants i consumidors viuen en la confusió. Vull pensar que no, que els responsables del calendari, de la caixa, gastrònoms fins, sabrien diferenciar un plat de l'altre. Tampoc és tan complicat. Que genera confusió, el fideu? No. Que de la truita no en diem ous ferrats encara que en siguin la base? Doncs en aquest cas, tampoc. La fideuà fa servir un fideu gros que substitueix l'arròs d'una paella i que acompanya el tall i els musclos. En canvi, pel rossejat, rebatejat per desídia i el corrent general com a fideuà, es fa servir fideu de cabell d'àngel o el més petit que pugueu. Es dauren uns alls, i abans no es cremin, (ull que el foc fa via!) enrossiu els fideus a l'oli bullent. És una tasca que vol vista i paciència. Quan tinguin el color desitjat, hi aboqueu el fumet de peix i l'arrodoniu amb unes petxines i allioli. Així ho deia el full del calendari. La força valenciana, que també ha fet dir paella a l'arròs a la cassola i que ha estès la mascletà al castellà, pot haver desplaçat ara el rossejat en molts llocs. Em direu «bé vaga, que tant és si els fideus són bons». Però de la mateixa manera que els plats entren per la vista, abans passen per l'oïda. Ja ho veieu, a base de calendaris les caixes ens salvaven els plats i els mots, i ara a base d'ives, irpfs i rescats som nosaltres que els hem de salvar mobles, crèdits i fons. Fideus a banda.

Jo te l'encendré

5 de setembre de 2015

«*En un Castello perdutto / entre bosquis i jardinos / due gatis de peli finos fachian mau-marramau*». Així arrenca la divertida llegenda macarrònica, que recitava de memòria la meva mare: Maria Teresa Forasté. I se sabia *Un lloro, un moro i un mico, i un senyor de Puerto Rico*, aquell que «Entra i pega un tiro al mico, però l'erra i mata el lloro», i també el *Romance de la Pepa* on hi apareixia Sisebuto, i *Un lebrel seco y enjuto*. Són poemes llargs, però sorprenentment els recitava fil per randa quan l'Alzheimer li impedia reconèixer la família. Deu ser per allò que diuen del disc dur del cervell: reprodueix els records d'infantesa i esborra allò més immediat.

Per mirar de no perdre'ls del meu marc mental, ja fa anys vaig buscar-los per internet i me'ls vaig desar en un document a l'ordinador. Aquest estiu, el 13 d'agost, just abans d'anar a pronunciar el pregó de la Festa Major d'Estiu al Pla de Santa Maria (Alt Camp) no sé d'on em va venir el neguit d'imprimir-los i de declamar-los als meus fills Bernat i Anna, que estaven més pel Doraemon i el Nobita que per la *Bianca luna bellina* que «reflectia a la bambina». Malgrat el dèficit d'atenció, els vaig llegir aquests versos mirant de transferir-los la ironia heretada.

Al vespre, després d'haver passejat pel carrer de la Rèria (un nom embolicat) amb la comitiva festiva i d'haver animat, des del balcó de l'ajuntament, els planencs i planenques a que es toquessin i divertissin, se'm va acostar una dona que em va deixar sense alè. Em va dur imprès en un full el poema del *Castel·lo*! Em va explicar que feia uns quinze que havia sentit a Catalunya Ràdio el cas de la demència senil de ma mare i del poema que també recitava la seva, fins i tot quan la memòria ja no conservava res més. Un calfred em va resseguir l'espinada només de pensar en la coincidència, en la serendipitat que em lliga ara als versos d'aquest *drama d'amore*. Quin estrany mecanisme es va activar per creuar els *amantis*, gats i gossos? L'atzar? Jo te l'encendré!

Redescobrir-nos

6 de setembre de 2020

Encara em veig anant en bicicleta cara avall per la via verda, a la Terra Alta, travessant túnels i més túnels, i respirant natura pura a tocar dels Ports. És l'altra cara dels efectes de la pandèmia i la prudència que ens ha obert els ulls a les destinacions de proximitat que ja sabem que hi són, però que anem posposant per aquell cap de setmana llarg que no acaba d'arribar. Aquest estiu, sí. Tothom ha fet la seva descoberta i tothom mantindrà el secret sobre aquell lloc amagat que no vol compartir perquè l'excés de visitants no el desdibuixi. No és el cas de la via verda que fa una pila d'anys que permet que grans i petits, ciclistes ocasionals i els que surten sovint, creuin amunt i avall, allunyats dels riscos de la carretera. He xalat com un xiquet amb sabates noves tornant a pobles i escenaris on havia estat de petit. Però ara, a més, m'hi he allotjat, i he dormit molt bé a Horta de Sant Joan, amb bona oferta. No te l'acabes, ja sigui al Mas del Cigarrer, abans d'arribar, o d'altres establiments similars, ja sigui al poble, a Casa Barceló o a l'Hotel Miralles on, a més, he tastat la seva cuina de primera. Reconfortat plenament davant d'una amanida generosa, amb totes les aromes que m'oferien el pla del producte directe, ja sigui tomàquet o enciam ben cruixent, ja sigui una saborosa llangonissa de bou, ja siguin les diferents mostres culinàries del crestó, la cabra que va recuperar l'inefable Salvador Miralles. Escabetx, guisat o carpaccio, maneres diferents de tastar-lo, i una infinitat de propostes més que fan que t'hi asseguis a cada menjada i que dolgui aixecar-se de taula perquè és tant com acabar amb aquell espai de plaer culinari. És clar que el que ens espera a Horta, o Orta, com reivindiquen alguns dels seus vilatans que han gratat en la història, no s'acaba amb una passejada.

La sola estampa dels Roques de Benet ja fa que badis i badis i que no en puguis retirar la mirada. Picasso explicava que «tot el que soc ho he après a Horta». Només aquesta presència del geni universal l'hauria de fer visita obligada. Ell hi va fer dues estades amb onze anys de diferència, (1898-1909) i sempre la va dur al cor, la va pintar, la va evocar, la va sentir i trepitjar. La bassa, ara només marcada com a circumferència a terra, i l'escalada del seu perfil, dels seus amics i personatges els va pintar de totes les maneres imaginables i van viure la seva evolució pictòrica. Aquells carrers que va trepitjar, el taller o la casa on va viure, és informació que podeu recollir al Centre Picasso d'Horta (que seria bo que també obrís els dilluns per allò que en època estiuenca hi ha més visitants). I una excursió fins la cova-balma on Picasso i el seu amic Manuel Pallarès, que és qui l'havia convidat a la Terra Alta, van passar també l'agost del 1898, i el Mas del Quiquet que va pintar, arrodoniran el seguiment de la seva petjada. Aquella ruta pels estrets fins al Toll Blau. Una capbussada a les Olles, piscines naturals de circumferència perfecta, una visita al convent de Sant Salvador, de l'època dels templers, o contemplar arbres monumentals com el Pi de Balija i la bimil·lenària olivera Lo Parot. Tot experiències úniques i a tocar. Vam fer una visita a

Arnes que només per aquell ajuntament monumental, amb o sense bruixes, o amb la feina de les abelles, ens hi aturem. I tot aquest estol de vinya, amb les garnatxes que a l'agost esperaven la verema i esquivaven el míldiu d'aquest 2020, i que ens ompliran les copes amb la concentració de paisatge, terra, sol i esforç. Ganes de tornar-hi a ser. Tornant cap a casa, encara vam fer ruta passant per la catedral de Pinell de Brai, la vinícola, pels pinacles de Benifallet, de la meravella d'estalactites i estalagmites, vam creuar l'Ebre pel pas de la barca de Miravet perquè, llépol i tossut, vaig voler anar a tastar els gelats de Jordi Roca, del seu Rocambolesc a Miami Platja. M'espera Margalef al Priorat, que vull redescobrir. A les meves vacances no hi falta mai la Tarragona romana, i aquest any la Casa Navàs de Reus. L'estiu que hem anat saltant, mirant les estadístiques, ens ha fet pensar allò que sovint anem a buscar fora les meravelles que tenim a casa. Quina paradoxa.

Tocar campanes

7 de setembre de 2013

La Rosita era l'encarregada de tocar les campanes al meu poble, a Vila-seca. Segons el toc que feia sabies si el mort era home o dona. Si l'advertència sonora era de pena o d'alegria, un bateig o un incendi o l'hora de la pausa del migdia, un assalt de pirates o l'arribada de l'any nou. Les aplicacions sonores del campanar eren més extenses que les de marcar l'hora dels adeus o les hores. Però la tecnificació va eliminar de cop aquest toc humà i artesà. Ara és automàtic. I fins i tot, a certs poblets de muntanya, n'hi ha que no els plau que sonin les campanes perquè els trenca el son.

Però hi ha campaners que fan gala de la seva feina de vertigen, del seu pes en la nostra manera de ser, i a Os de Balaguer ja fa vint-i-sis anys que la Confraria de Campaners de Catalunya organitza trobades per reivindicar-se. I fan ben fet, perquè d'ençà que la societat és líquida i que els valors són tous, els campanars han perdut presència ciutadana. La demoscòpia certifica que l'autoritat ha quedat diluïda. La dels campanars i de la institució que els aixeca, també. Tot i que en parlar sí que fem servir expressions com ara «ha sentit tocar campanes», o «ha fet campana». Per això m'ha sobtat el debat de si han de sonar a les 17.14 h de l'Onze de Setembre. Perquè suposa ampliar la reivindicació del seu so i la seva presència en els actes transcendents d'aquesta vida, i perquè els incorpora a una convocatòria massiva. I perquè m'imagino que sonant simultàniament l'any 1714 devia fer l'efecte d'això que ara se'n diu streaming, o transmissió simultània a través de la xarxa. Em sembla lloable que en l'era de Twitter algú es recordi de les campanes i de per qui sonen. També el president Mas ha recorregut a un mètode en desús com una carta per saber què diu Rajoy sobre la consulta. I no sabem si la carta té 1.714 caràcters! En absència de realitats, els semiòlegs analitzen qualsevol significant, qualsevol petit símbol. Però serà penós que el repte polític i social més important que tenim els catalans en tres-cents anys s'acabi com una baralla de campanar. Compto que no i que sabrem anar a la categoria per comptes de perdre'ns en l'anècdota, per més sonada que sigui.

Llops i senglars

7 de setembre de 2019

Els animals marquen territori a base de pixades. Només cal veure un gos passejant pel carrer. De manera impulsiva, instintiva, aixequen la pota ja sigui davant d'un fanal, un arbre, una cantonada o una porta. I quan tornin a passar per aquell lloc, ho tornaran a fer. Hi volen deixar la seva olor. Es comuniquen amb els seus iguals d'aquesta manera i marquen així la seva ruta. I ja veieu també les múltiples maneres que hi ha per evitar que aquells orins es facin a casa nostra: sofre, ampolles d'aigua, amoníac, vinagre, llimones, bitxo i remeis casolans a banda, infinitat de productes químics, pintura, polvoritzadors que esborren aquest rastre animal. Però els experts diuen que el millor remei és educar el gos. Reeducar-lo. Ja fa anys que a casa no tenim gats ni gossos. Ara tinc senglars. No és que siguin meus, però assoten una petita plantació d'avellaners al meu càrrec, al Baix Camp prelitoral. La seva aparició ha anat *in crescendo*. Fa vint anys era esporàdica, ara és diària i massiva. Fa anys no tocaven res, ara ho destrossen tot: arbres, branques, brots, avellanes, marges, terra, rosseguen els tubs de rec i fan clots insondables. L'estampa és d'aquelles que descoratgen. Després de dedicar temps, cures, esforços, aigua i diners per fer créixer la collita, cada malesa reiterada t'esquinça l'ànim. Si a més el veïnatge tanca les seves finques amb pastors elèctrics i reixats, les possibilitats que els senglars es passegin per allà on no hi ha aquests obstacles es dispara. No m'he aventurat a anar a recollir cabell a les perruqueries ni a d'altres remeis semblants als que hi ha per espantar als gossos, però sí que he comprat una mena de pinso que els crea rebuig per mal de ventre, i ara he comprat pixum de llop. Ho vaig veure en una notícia al *Telenotícies*, i vaig fer una compra impulsiva. Un repel·lent químic amb la mateixa composició que l'original, amb una fortor d'un depredador directe del senglar. Com jo, en una compra impulsiva, aquell dia van vendre una pila d'ampolles. Ara comprovaré l'eficàcia sobre el terreny, si no només em quedarà intentar reeducar els senglars. Però ja veieu què passa als parlaments amb els anomenats diputats senglar.

El geni català

15 de setembre de 2012

Dimarts passat vaig quedar amb uns amics a Barcelona. Amb un milió i mig, per ser exactes. Tot passejant, vam arribar fins al pla de Palau. I davant dels Porxos d'en Xifré, allà on hi ha el restaurant 7 Portes, vaig quedar atrapat vista enlaire.

Una inscripció en llatí, URANIE COELI MOTUS SCRUTATUR ET ASTRA, i un helicòpter em van fer pensar que la concentració era observada. De fet, la llatinada astrològica, un vers d'Ausoni, vol dir que Urània observa el moviment dels cels i els astres. Urània és damunt la frase. Una escultura que la representa amb un compàs que mesura l'espai i que també serveix de rellotge de sol. Al seu costat hi ha assegut un Cronos que, sigui per la dalla sigui pel seu aspecte envellit, la barba o les ales, recorda els estereotips funeraris de Tànatos. I al costat del temps i l'espai, la Història. Una jove vestida i pentinada a la grega que escriu en un pergamí que li sosté un dels *putti* (un nen nu i alat) que arrodoneixen el conjunt escultòric. És del 1837, obra de Damià Campeny per a aquest bloc de cases de l'indià d'Arenys de Mar Josep Xifré i Casas.

Ens contemplaven l'espai, el temps i la història. En una tarda en què, transeünts de llibertat, semblava que tota aquella pila d'amics poguéssim accelerar el temps, moure l'espai i canviar la història.

Més avall hi ha esculpides les cares dels conqueridors al servei dels reis espanyols: Magalhães i Elcano, que van fer la primera volta al món; Cortés, que va destruir l'imperi asteca a Mèxic; Pizarro, que va conquerir el Perú; Ercilla, el soldat que va escriure *La Araucana*, i Colom, que va descobrir Amèrica. Mentrestant, més enllà, amics d'aquestes terres conquerides i d'altres llengües, anaven pregonant que Catalunya serà un nou estat d'Europa. Això, a tocar de la font del geni català. Allà on es va banyar la Shakira mentre rodava un videoclip. L'estàtua del geni català que, per cert, duu una estrella de cinc puntes a la mà, com tantes n'hi havia, a tantes banderes com hi havia.

De moviment n'hi va haver, pels carrers de Barcelona, l'Onze de Setembre, per bé que no tothom l'ha captat. Es van moure estels, astres, i potser el temps, la història i l'espai. Es va moure el geni català.

Enveja de setembre

17 de setembre de 2011

A mi doneu-me setembre. Què voleu que us digui, que l'agost també està molt bé? Però és que té una llum diferent i fa xafogor. I ja sé que Els Pets tenen un disc que es titula *Agost*, i al TNC serà la gran reposició de la temporada que ja ha aixecat el teló, i que la majoria de la gent és quan fa vacances i quan tot es paralitza, i que a les set ja és fosc. I també sé que el cantant francès Benjamin Biolay cantava *Novembre toute l'année*, novembre tot l'any.

Però a mi doneu-me setembre. Tot recupera el seu ritme i canvia la llum. Sí, ja sé que Faulkner va escriure *Light in August*, però és Setembre i al Romea fan *Llum de guàrdia* de Manrique i Pompermayer. El sol fa una llum filtrada i el vent fa flexions, agafa to muscular. És el temps en què toca «plegar» avellanes i és temps de verema. I quin plaer més gran no hi ha que menjar-se una figa, ja sigui de coll de dama, de pit de reina, o de bec de perdiu, fins i tot de tres fan càrrega. Collida de l'arbre encara és més saborosa. Sentir el frec polsós del fruit, obrirlo per la meitat amb els polzes i clavar-li dentellada, i deixar córrer aquella frescor a la boca. I després notar la persistència en el record, notar la presència física entre les dents d'una llavor.

Això és setembre, i també ho és veure la mar més assossegada. Gairebé cansada d'haver treballat tot l'estiu. Amb les platges més buides, o amb els cinc privilegiats que fan vacances aquests dies en què s'abaixen els preus. I quin ple de lluna no acabem de tenir?

Això ha estat setembre tradicionalment. Perquè de fa uns anys que el novè més de l'any pateix el verí dels envejosos que diria Sèneca, o que denunciaria Cristiano Ronaldo. I és l'enveja que fa que l'agost vulgui fer de setembre i plou més, i és perquè es ric i guapo, que octubre i novembre també es copien les seves virtuts. I amb tot capgirat, ara fa una calor que empudega. I passa que com va escriure Ausiàs March, «Bullirà el mar com la cassola al forn, mudant color i l'estat natural». Per natura doncs, enveja

Desposseïts

19 de setembre de 2015

Tinc *Els desposseïts* a les mans. És la primera i darrera novel·la de Szilárd Borbély, la gran promesa truncada de les lletres hongareses, que el 2014 va optar pel suïcidi als cinquanta anys. El narrador a *Els desposseïts* és un nen de sis anys que viu als afores d'un poble hongarès a mitjan segle XX. La seva mirada refà la història familiar tot i que «Està prohibit parlar del passat». Un avi ferit durant la Primera Guerra Mundial, un altre que els russos van enviar a Sibèria després de la segona, avantpassats romanesos, i això enmig d'una pobresa extrema que fa que no puguin menjar cada dia. L'acurada edició de Periscopi, amb traducció de Jordi Giné i Imola Nikolett Szabó, duu a la portada la fotografia d'un nen dins d'un galliner que, per bé que sigui de l'arxiu familiar del maquetador Tono Cristòfol, ens remet a la infantesa i a les gallines que també passegen per *Els desposseïts*. La trobo tot un encert perquè en aquest darrer drama dels refugiats que sacseja Europa, els filats i Hongria generen tot un altre magma de desposseïts. És clar que no són com els mateixos hongaresos que no combregaven amb el règim comunista i que potser s'agermanen amb el patiment nostrat del *K. L. Reich* d'Amat i Piniella, però no deixa de generar indignació la recepta que ara apliquen les autoritats hongareses als refugiats sirians. I donat que sembla que en aquesta societat d'imatges el que ha acabat commovent ministres i societats ha estat la del nen de tres anys Aylan, mort ofegat a una platja de Turquia, també la foto d'*Els desposseïts* commou. I per mi, s'hi agermana. Poder aparèixer a la foto, com l'entrenador sirià a qui una reportera va fer la traveta, perquè algú altre es mobilitzi. Fer-te visible en la invisibilitat d'un èxode que acaba fent nosa als estats que ja han viscut drames col·lectius semblants, que llancen gasos lacrimògens on ja hi ha llàgrima, que aixequen tanques i filats on ja hi ha bloqueig i ferida. Desposseir quan no es té res. Caminem i callem.

TARDOR

Liceu mai vist

24 de setembre de 2016

Aquest estiu he quedat curt de samfaina. Vull dir que entre una cosa i una altra he fet salat. Que no vol dir que n'hi hagi posat massa a l'hora de cuinar-la, sinó que no n'he menjat en la proporció que pertocaria al calendari natural. Aquest festival estiuenc de color i sabor, de pebrots i albergínies, de tomàquets, de carbassó, que m'entra pels ulls i se'm desfà a la boca i que em diu a taula que som a l'estiu. Però a partir d'ara tindrem samfaina tot l'any a Barcelona i no només pels efectes de la globalització. La samfaina ocupa els baixos del Liceu i bateja un singular espai gastronòmic tot just acabat d'estrenar amb el nom d'Òpera Samfaina. M'hi va dur l'atzar quan anava Rambla avall encuriosit pel Rocambolesc, la gelateria que Jordi Roca hi ha trasplantat de Girona estant. I d'encert en encert, els germans Roca s'han sumat, juntament amb cuiners com Carles Abellan, Nandu Jubany, Albert Adrià i el pastisser Cristian Escribà, a aquest projecte esbojarrat, solidari i de joc constant.

La força de la gastronomia al nostre país, veritable exèrcit català, es desplega en un espai marcat pel disseny de Franc Aleu. Quina energia, la d'aquest artista que ha reescrit la història de Catalunya amb Jordi Roca i la seva dona Alejandra Rivas com a fundadors i salvadors del país. Tots som fills seus. I Jordi Roca esdevé figura icònica d'aquesta Òpera Samfaina. Apareix a qualsevol racó. I dins d'aquest gran joc de caganers, de barretines, de vermuteria, de porrons, de botiga de productes del país, de peix, tapes, de taules animades amb imatge, l'Odissea: un menjador on es pot fer un tast de productes seleccionats pels Roca en un àpat que s'emmiralla en el somni, aquell altre gran experiment sensorial que van firmar a l'Art Santa Mònica.

Catalunya com no l'has tastat mai, diuen ells, i com no l'has vista mai. Per cert, que el Consell de Ministres d'ahir es va despenjar amb un pla per sumar-se al vintè aniversari de la reobertura del Gran Teatre del Liceu, oferint els màxims beneficis fiscals. Un ingredient més per a la samfaina mai vista.

Gintònics

1 d'octubre de 2011

Durant una pila d'anys em vaig dedicar a demanar conyac Mascaró allà on anava. Fins i tot a Madrid, on havia de superar la broma de si volia el conyac més car de la carta, vaig aconseguir que algun restaurant l'incorporés a la seva oferta. Ara que tots som Cacaolat, penso en els Lumumba que sovint feien de colofó a les nits carregades. I al terrat, les ampolles de 501, un cop buides, servien al pare per vinificar, a sol i serena, rancis casolans. Tot gràcies al conyac o al brandi, fins que va caure del circuit de masses. L'amenaça del whisky ja era a tocar, i l'onada dels maltes va ser definitiva. I a partir d'un cert moment era impensable acabar un àpat d'una altra manera que no fos amb un alcohol arribat d'Escòcia.

Es parlava de la cultura del whisky. Que és la manera de dir-te: vols dir que els has tastat tots? I en un món multicultural, el whishy s'estenia i se sumava a cervesa, vodkes i roms. O a la cultura del vi i a la de l'aigua, que són cultures diferents. La de l'aigua, associada a les polèmiques dels transvasaments, va més per la restricció, i la de la gamma dels alcohols, en canvi, va més pel consum. Els anys del vodka van anar lligats a la glàsnost. Qui podia diferenciar entre els russos Stolichnaya o Moskovskaya, d'entre la força nòrdica dels Absolut?

Els roms van tenir també la seva època gloriosa, amb un nom per a cada platja del Carib: Flor de Caña, Matusalem, Bacardí, Brugal, Santa Teresa i una tirallonga infinita.

La moda ara és de gintònics. Qui l'ha dut? Qui l'ha ressituat amb tant d'encert? Perquè, a veure, que s'entengui, en aquesta barra multialcohòlica sempre hi ha hagut de tot, fins i tot plagis de noms que fan riure per no plorar, com el de «Lirios» per «Larios», i uns quants més, però de tant en tant la moda fa que els glaçons tinguin un o altre regust. MG o Giró, Xoriguer de banda, es van veure depassats pel Bombay Shapphire, quan lloros, moros i senyors de Puerto Rico el prescrivien per la ràdio. Encara es prenia en got llarg. Ara, al segle XXI, el gintònic es reinventa des de la taula, més que des de la barra. El prenem amb copa bombada, carregada de gel fins dalt, amb la pell de llimona esquitxant el combinat i amb tòniques noves. Vols dir que és hora que torni la cultura del conyac?

Herba tendra

5 d'octubre de 2019

A la Setmana del Llibre en Català d'aquest any em vaig encaterinar, entre molts altres títols, de *La vida i els fets d'en Justí Tant-se-val* de Josep Maria Folch i Torres, un títol que aplaudiria Josep Pedrals. És una novel·la del 1929 que ara ha revisat i reeditat l'editorial Adesiara. A la portada hi ha la mateixa il·lustració de Joan Junceda que apareix a l'edició del 29. M'hi començo a endinsar amb il·lusió i nostàlgia, tothora que em remet a les lectures d'infància amb aquells *Per les terres roges*, i *Les aventures d'en Pere Fi* que em van ajudar a fer la volta al món. En Justí Tant-se-val, un mosso d'hotel enamorat de Lluïsa de Marival, amb el pare condemnat a la guillotina, en l'època de Robespierre, que segons l'editor ens fa cavalcar cap «El desig impertorbable de justícia, cap a la capacitat de sacrifici per assolir un ideal». Té bona pinta. El cas és que aquesta setmana una bona amiga m'ha regalat un exemplar original, el volum IX, de les *Pàgines viscudes* de Folch i Torres, amb il·lustracions de Junceda. Els protagonistes tenen noms que ja no surten als llistats dels que es posen avui dia; Marianet, Niteta, Baldiró, Tomasó o Menció, que protagonitza el relat: Menció, curt de memòria. Aquella herba tendra del camp del

1917, una literatura popular que feia camí per estendre's entre la massa de lectors. Folch i Torres ho aconseguia. Recordo la meva mare com me'n parlava d'aquestes pàgines viscudes. De la mateixa manera que la gent parla de les sèries a les plataformes de *streaming*. I penso que amb això de la llengua, ara l'advocacia de l'Estat ordena que en les seves comunicacions oficials valencians, mallorquins i catalans facin servir l'espanyol, menystenint el sentit comú i el criteri científic universitari i filològic sobre la unitat de la llengua. De fet l'advocacia de l'Estat diu que aquesta unitat és un fet acadèmic que no té aplicació a la llei, a l'Estatut. Caldria enviar-los un exemplar de la *Breu història de la llengua als Països Catalans*, de Bernat Joan i Esperança Marí, un eivissenc i una formenterenca, acabada d'aparèixer, però potser tant se val. Som herba tendra amb impertorbable desig de justícia, i em sembla que això també és una pàgina viscuda manta vegades.

Reacció

7 d'octubre de 2017

Acció reacció. Han sortit de sota les pedres. Aquest nacionalisme espanyol que diu que no existeix, de tan segur de tenir el coixí i l'Estat que petrifica el dret. Han sortit no només per animar la selecció de futbol, sinó a estomacar. A punxar rodes, a amenaçar, a bramar. Molts ciutadans, d'aquests que sembla que són els bons catalans i que, amb les òrbites fora dels ulls, omplen les places d'arreu d'Espanya, arengats per la Falange com a Saragossa, o per les velles guàrdies populars o socialistes. Encara recordo Alfonso Guerra en un míting a una plaça de toros, ja fa una pila d'anys quan seguia la informació política a Madrid, passejant-se amb un micròfon de diadema per l'escenari com Jesús caminant damunt les aigües. Enlluernant les masses amb aquell avenç tecnològic difícil d'entendre a primer cop de vista. El recordo en un altre míting a Saragossa deixant anar: «*Aquí huele a gas, aquí huele a nazi*», perquè el dia abans hi havia fet un acte electoral Aznar. Ara estan a la mateixa banda de l'espectre de la pressió d'aquestes hores. Surten tots a carrera feta: convençuts que ells no són supremacistes ni nacionalistes ni provincians. Ells són els de la *grande y libre*. I els de l'urna abonyegada. Els de la brutalitat policial sobre un 0,000042 per cent. Hi ha bufetades contra els somriures. Hi ha medalles pels piolins, mentre que com a càstig els les retiren als Mossos. Hi ha trencadissa d'aules, que deu estar copiat d'algun model persuasiu teutó dels anys trenta. Posats a agafar l'exemple, ja no sabrem ni què van fer. La seducció continua, ja ho veuen. Els governants espanyols deuen tenir un manual d'instruccions històric per resoldre el problema català. Només cal que desempolsin els apunts de Carles III. Contingents policials i militars n'han anat venint de manera cíclica a Catalunya. D'immigrants embutxacats també n'han desfilat. I aquest tarannà dialogant no ens sorprèn. Ja poden fer cua, ja, del Papa, a la guàrdia suïssa, d'Iglesias a l'Església, del Síndic al Col·legi d'advocats, de Colau a Conesa, de CCOO a Obama. Mediació? Negociació? Ni aigua. És la reacció pura.

Córrer de nit

8 d'octubre de 2011

Cooorrodenit, corrooodedia, no em veu ningú. És un dels nostres mites nacionals: el comte Arnau. És, en el meu cap, una mena de mantra que arrossego de jovenet, veient mon cosí Esteve, a la Torre Vella de Salou, fent la seva versió d'*El comte Arnau* de Joan Maragall. Hi ha coses que se't queden gravades al cervell, i aquest «Corro de nit» que ell feia tan tel·lúricament gutural, n'és una. Dimecres, escarxofat al TNC, quan l'Ernest Villegas declamava aquests versos visionaris, vaig corregir la traïció de la memòria, mentre al comte Arnau no el veia ningú, ell veia tothom. Tinc la impressió que al cap ballen una estranya dansa tots els productes culturals que consumim. Vull dir que si veus *El comte Arnau* de Herman Bonnín i no fa gaire has vist *El árbol de la vida*, estableixes connexions entre Maragall i Malick. Trobes que la veritat de la llei divina i la de la natura topen en un i altre lloc. Trobes que el cel i la terra, el bé i el mal, són els mateixos en un mite nacional, o en una reunió de mites d'una altra mena com són Brad Pitt i Sean Penn. És clar que anar al teatre i tenir al clatell tres presidents de la Generalitat, Mas, Maragall i Pujol, escoltant poesia patriòtica no és el mateix que anar al multisala Les Gavarres de Tarragona, pendent que Hollywood s'avingui al doblatge en català i de quantes persones abandonen la sala, fins i tot amb doblatge espanyol. Què passa si vas al cine a veure *El árbol de la vida* després d'haver llegit *Jo confesso*, de Jaume Cabré? És el Mal que no ens deixa de petja? I si després vas a la sala Gran del TNC, on Arnau ens diu: «Jo soc sols dels meus braços i els meus passos». Se t'obre el trespol i trobes que el malson errant del comte Arnau és universal i que, una vegada més, la mirada catalana no és tancada sinó oberta. Buscant el comte Arnau, he anat fins a Gombrèn, al Ripollès, i he dormit i menjat a la fonda Xesc, però no ha estat fins veure damunt l'escenari la donzella Miranda Gas que he rebut un raig de llum, que m'ha remogut els sentits i m'ha fet córrer de nou, de nit i de dia.

Aferrat

8 d'octubre de 2016

Ara mateix estic enganxat a dues dones: l'Elena Ferrante i la Svetlana Aleksiévitx, i als seus quatre per quatre de signe ben diferent. Ficció i document. I què documenta la ficció, quina part de ficció hi ha en el relat documental? L'una amagada, l'altra reconeguda internacionalment. Una amb el premi de lectors, l'altra multipremiada i Nobel de Literatura 2015. Una de públic de masses, l'altra no tant. *L'amiga genial*, *Història del nou cognom*, *Una fuig i l'altra es queda* i *La nena perduda* són les quatre novel·les que van creixent de manera trepidant i intensa, al voltant de l'amistat entre la Lina i l'Elena, i la seva evolució vital entre Nàpols i Milà. Trepidant. De *La nena perduda*: «Ens en anàvem corrents a sopar, ens lliuràvem al bon menjar, al vi, al sexe. Només volíem aferrar-nos i estrenye'ns».

Temps de segona mà, *La pregària de Txernòbil*, *Els nois de zinc* i *Últims testimonis* són quatre llibres fascinants, novel·les «de veu». Un gènere nou on Aleksiévitx fa parlar gent comuna per explicar la història de l'antiga Unió Soviètica i el drama de la segona guerra mundial. Brutal. De *Txernòbil*: «Enterràvem el bosc. Serràvem els arbres en trossos, cadascun de metre i mig, els embolicàvem en plàstic i els llençàvem dins una fossa». Quatre llibres de dimensions i interessos ben diferents, és clar, però que m'atrapen d'igual manera. M'agraden mirades, pensaments i jocs diferents. M'alimenten. I darrere de l'èxit a Catalunya, com a mínim dues dones més: la Isabel Martí de La Campana i la Laura Huerga de Raig Verd. I segons que hem sabut encara, una més: darrere d'Elena Ferrante hi ha la traductora romana Anita Raja, segons que ha revelat el periodista Claudio Gatti que ha fet la recerca del que fins ara era el secret que envoltava l'amiga genial. Li podrem posar cara i reconèixer la feina. Tot i que, en un temps d'exposició constant, el misteri de no ser vist hi afegia un punt més d'atracció. Amb les ganes que tinc de veure't quan fuges i t'amagues. Com són!

«Heroides»

9 d'octubre de 2021

Tinc una foto d'una serp penjada al meu compte d'Instagram des del 28 de setembre. M'he bloquejat, en el sentit que no sé quina foto la pot succeir. La serp és una colobra de ferradura (*Hemorrhois hippocrepis*), segons m'explica Martí Boada a qui vaig fer la consulta per distingir-la. És poc freqüent al Principat, tot i que es troba ocasionalment a les comarques meridionals, em va dir el geògraf. De fet, jo era al Baix Camp. Boada em va aconsellar que la cuidés, que no és verinosa, i que per contra, pot tenir a ratlla ratolins i talpons. La seva presència, ho confesso, em va esborronar, i em vaig sentir com Deianira explica a Hèrcules que està: «Em debato enmig de serpents, senglars, famèlics lleons i gossos a punt de fer presa amb les seves tres goles». De totes aquestes bèsties, només em fallen els lleons, la resta les tenia a prop. Estic engrescat en la lectura de les cartes d'Ovidi, agrupades amb el títol d'*Heroides*, traduïdes per l'Esther Artigas, en l'edició d'Adesiara que és una veritable joia. Llatí i català avancen emmirallats plana amb plana, en aquest nou objectiu de l'editor Jordi Raventós, que agafa una torxa que ve del segle XIV quan Guillem Nicolau ja les va traduir. El primer text clàssic traduït al català. Ariadna traïda pel seu amant, Helena seduïda per Paris, Penèlope angoixada pels vint anys sense marit, tot explicat en vint-i-una cartes en vers. «De pressa ens fem munts de besos cuitats sense ordre i lamentem que les nits tinguin tan curta durada», li escriu Leandre, d'Abidos a Hero, noia de Sestos, i ella li respon: «Per mi és llarga tota espera que retarda els plaers». *Longa mora*, en llatí. Aquil·les, Fedra, Dido, Orestes, herois i heroïnes, parlant en llatí i en català, ara que diuen que la llengua se'ns queda als dits. Crec que ja tinc foto de desbloqueig: la d'aquests herois i heroïnes que ens contagien les seves passions. Els òsculs d'Ovidi per força ens han de fer reviure.

Oli

11 d'octubre de 2014

Anem de cara a l'oliva. Bé, no encara, perquè encara no fa fred. En tot cas, les cinc DOP catalanes de l'oli han premiat aquesta setmana al Bartrina de Reus, i en la tercera edició, tres prescriptors. El catedràtic de nutrició de la URV, membre de l'IEC, Jordi Salas-Salvadó; el cuiner i gastrònom Pep Nogué, i el director de Catalunya Ràdio, Fèlix Riera. Al *Cicle de la terra natal*, Artur Bladé Desumvila diu: «L'oli, clar i daurat, és llum concentrada, baume per les ferides, aliment per al cos i fins salvació d'ànimes a l'hora de la mort».

És clar que la mecanització del camp i dels sistemes d'elaboració han anat aparcant cofins i melangies. Joan Amades al seu costumari llista varietats: «Aragonesa, arbequina, bagot, morruda, becaruda, borda, bordissa, boteruda, calaceita, grossal, corbella, coribella, verdiella, roballa, farga, fulla de salze, mallorquina, mançanella, menuda, negreta, menza, morruda, dels reguers, olesana, petroneta, picotuda, rogeta, rojala, sevillana, solivenca, terralta, tinenta, vera i verderola» i encara hi podríem afegir l'argudell o la llei de Cadaqués. L'olivera és un arbre fort i resistent, n'hi ha de mil·lenàries, però és clar que la majoria no en sabríem distingir dues d'aquests tipus d'olives. I és que sembla que ho sapiguem tot de les coses efímeres i que en canvi no sapiguem res de les permanents, d'aquelles que ens transcendeixen.

Uns dies abans al mateix Bartrina el mallorquí Toni Gomila hi interpretava el seu èxit *Acorar* (que tornarà a fer temporada a Barcelona), on fa aquesta queixa. Sabem destriar entre un Golf GTI o GTX, o un Iphone 3 o 4, però no una pomera o perera, cirerer, alzina o om. Els humiliem amb el genèric arbre. Les paraules, diu Gomila, ens diuen qui som, i «si canviem de paraules, canviem de món». És clar que els canvis d'activitat ens fan canviar de vocabulari, però aniria bé fer un esforç, un més, per no perdre el nom de cada cosa, com no hem perdut el gust pel bon oli d'oliva.

Estiu tot l'any

15 d'octubre de 2011

Fites meteorològiques com les d'aquell fred del 56 que va matar les oliveres, queden en el record. Jo, de fet, no havia ni nascut. M'ho explicava el pare, és clar, que aquell any el trull no va brandar. Onades successives de fred, amb catorze dies sota zero el febrer del 1956 i la temperatura mínima de -6,5° el dia 11. Són dades del meu poble, Vila-seca (Tarragonès), però també hi va haver registres semblants arreu del país. Temperatures que queden gravades en tota una generació i són explicades a les generacions successives. Que mori una olivera, que és un arbre de nissaga mil·lenària, és tot un drama de la natura, i impressiona qualsevol. Ara, en canvi, el que es porta és la calor, i jo podré explicar als meus fills, que tot i que ja han nascut potser no en seran conscients, que el 2011 va ser la primera vegada que l'estiu va durar tot l'any. El lema manta vegades escrit a qualsevol nucli de costa; el somni del botiguer de souvenirs, aftersun i matalassos inflables; el desig impossible per al *lligon* de platja, ha esdevingut real: ja tenim estiu tot l'any. D'acord, no és el primer cop que anem a les parades de castanyes i moniatos en màniga curta, ni que allarguem l'operació biquini uns mesos més, però sí que impressiona un foc forestal al Pallars a aquestes altures de calendari.

I mai com aquest any hem tingut la sensació, a l'arribar a la feina, que ja falta poc per a les vacances d'agost. Als aparadors els abrics, bufandes i gorres forcen el contrast tèrmic. I ens pensem que Catalunya és Cuba, i no només pel model de salut i l'economia de guerra, sinó també per aquesta calor que no té aturador. O que som Califòrnia i el bon temps ens regalarà dues collites, com a desgreuge del fred del 56.

Somniem com aquells catalans que perseguien l'ideal d'una societat justa, els de la novel·la de ciència-ficció escrita el 1927 per Onofre Parès: *L'illa del gran experiment*. Els catalans del segle XXI vivim una situació insòlita. Mentre encara seguim aspirant a una societat més justa, la meteorologia ens fa viure situacions de ficció. Ens anima a construir l'impossible. A tenir un temps a mida.

Untats de nou

28 d'octubre de 2018

Oli, doneu-me oli. Benvinguda sigui la nova collita que ja tenim a tocar. Soc feliç només de pensar-hi. Reviure un moment de felicitat. Tinc fixada com una experiència de felicitat el tast de l'oli nou. I no només el tast, comparant-lo amb el de l'any anterior i el de collites passades, sinó en tot el que suposa com a punt final d'un cicle. L'olivera, centenària, mil·lenària en alguns casos, que marca el paisatge, el territori i el gust, que n'ha vist passar de tots colors, freds i calors, i mètodes, tractaments, plagues, guerres, devastacions, fams, penes i alegries. Moltes alegries també. Però m'agrada aquesta idea de l'arbre mediterrani, clau, element definitori, que et permet sentir-te a casa a tota la ribera, tota aquesta mar que el té fixat. Com una roca vegetal, viva, testimoni. M'apassiona l'or líquid que dona la nostra arbequina, i també m'agrada eixamplar el paladar, ja sigui amb altres arbequines, o morrudes, sevillenques i tantes i tantes varietats com hi arriba a haver.

M'agrada pensar en la duresa que va de bracet d'aquest or. La terra que fa arribar la seva realitat, travessant la fusta i arribant al fruit. I després amb la collita que arribava als trulls per fer-ne pasta i premsar damunt dels cofins. I veure com raja, i sucar en l'oli nou una bona llesca de pa torrat, i sentir com regalima un fil d'oli pels meus llavis. Això és per a mi la felicitat.

Recollir aquell gust concentrat que conté tota la història de l'arbre, del paisatge, del territori, de la DO Siurana que és com en diem de la més immediata, també per simpatia la de la Terra Alta, la de les Baix Ebre-Montsià o la de les Garrigues i la de l'Empordà. Són les cinc denominacions d'origen protegides d'oli d'oliva verge extra que tenim a Catalunya, que haurien de ser, sense cap excusa, a totes les cases. És donar-se un cert luxe, però altament beneficiós per a la salut, per a la mental i per la física.

Aquell color verd, groguenc i amb totes les games i tons ha de ser a la nostra retina els pròxims dies. Les DO els cellers, les cooperatives, els pagesos i productors ens convocaran a fires i festes. Esmorzars de forquilla, o més ben dit, de mig bidó amb brases per coure la llonganissa i acabar després comprant oli. M'agrada el ritual anual, em ressitua, em diu que ja hi som, que ja el tenim aquí. I em sembla que en certa manera els productors d'oli segueixen el camí dels viticultors que han aconseguit, després d'estendre la bondat i qualitat dels seus vins, que el vi fet a Catalunya sigui el més consumit a Catalunya. Que no ha sigut fàcil, encara que per lògica hauria de ser el més normal. Paisatge a l'ampolla, doncs ara paisatge al setrill. Per saber on som, com a mínim amb aquests productes que ens defineixen. Som un país de vi i també som un país d'oli. Treballar amb rigor, amb qualitat, deixant enrere les vendes a granel perquè les acabessin venent en ampolla els italians, és el millor que ens ha pogut passar els darrers anys. Però no es pot badar. Hem de seguir escampant la nova que arriba l'oli nou. Aquest any soc el padrí de la Collita de la DO Siurana, però no és d'ara i no és per això que en faig bandera. Ho faig, a més, en una setmana en què el Parlament ha aprovat una llei per defensar els espais agraris de Catalunya. Som un país de boscos, i som un país molt urbanitzat, però ha calgut una llei per seguir recordant que qui ens dona el menjar és la terra conreada, la terra treballada pels nostres pagesos, autèntics artífexs de meravelles com aquest oli nou que ja s'acosta. Fem-nos feliços.

«Madame se meurt»

31 d'octubre de 2010

A plantar cara toca que Tots Sants ens carrega de raons. A més del record personal per aquells que ja no hi són, hem de tenir de nou present allò que escrivia Gabriel Ferrater a propòsit del català i la seva salut; que «*Madame se meurt*». La madame, el català, se'ns mor. I no patiu que si reviscola, sempre hi haurà els hereus del decret de nova planta en guàrdia.

Joan Solà, que ha obert la porta a la Mort aquesta setmana, li ha dit: «Què tal?», i l'ha deixada entrar, era qui amb més contundència havia expressat aquests darrers anys la necessitat de seguir ferms en la defensa de la nostra llengua. Fins arribar a incomodar als poders públics. Estem entrenats, hem tingut molts dies revolts, i encara n'haurem de veure més. La sentència de l'Estatut confirma la teoria de la torrada i la mantega. I mira que la torrada té dues cares i que les sentències són interpretables. Però de moment, i si el nou president del Tribunal Superior de Justícia de Catalunya, Miguel Ángel Gimeno, no ho esmena, la torrada i la «preferència» pel català, als ajuntaments de Barcelona i la Diputació de Lleida cauen pel costat de la mantega. A punt per la relliscada.

El decret de nova planta agafa noves formes, nous cossos.

La teoria de l'economista Germà Bel, que ha estudiat l'evolució, estructura i traçat de les infraestructures al llibre que acaba de publicar, *España capital París*, és que després del 1714 l'Estat espanyol copia el model francès. I ja no valen els criteris econòmics a l'hora de potenciar aeroports, autopistes o ferrocarrils. El model radial, el del quilòmetre zero s'aplica amb l'única idea de fer de Madrid una gran capital com París.

I el que passa amb els avions, passa amb la llengua. La sentència de l'Estatut dona ales a la defensora del poble, al PP, a Ciutadans, a la convivència, i fins al propi Manuel Aragón, que per ser president del Constitucional està disposat a escriure de nou que a Espanya de nació una i prou.

Madame se meurt i no cap ni al cementiri, arraconada als marges.

Menjar

31 d'octubre de 2015

Levito. La Joana Sans a Ca Vidal, a Vila-seca, m'explica com fa el romesquet de fesols, d'una untuositat que ni tot el cos diplomàtic d'un estat occidental: pebrot de romesco, avellana, ametlla, pa fregit, alls crus i fregits, i al mig del plat, una botifarra negra que hi ha anat a parar a l'últim moment perquè no es desfés. És en la setmana en què l'OMS s'ha fixat en la relació entre el consum de carns processades i el càncer. I en l'arrelament dels dubtes alimentaris aixeco el meu homenatge al gras i el magre. Ja va així això, un organisme internacional ens alerta del que fem malament i mirem de tornar-hi tot esperant que modulin el seu discurs com ha passat tantes vegades, o esperant sentir l'especialista que ens digui que amb equilibri i diversitat podem menjar de tot. Mira si podem menjar de tot que just quan l'OMS vol enterrar la moda de les barbacoes, la UE ha regulat el consum d'insectes. Truita de grills o cucs amb all i oli, piquen a la porta del corpus gastronòmic català. Allà on brillen els caragols a la llauna que no es menjarien a una altra latitud o el conill a la brasa que seria considerat un atemptat per d'altres membres de la Unió Europea. El menjar, els productes de la terra que ens donen referents propis. Els hàbits culturals, els records essencials que s'enquisten en la nostra memòria. Xavier Solà me'n demanava un per *La nit dels ignorants* de Catalunya Ràdio i me'n va venir un de relacionat amb l'oli d'oliva. El pare treballava en una premsa. I el record fixa l'alta temperatura, i el soroll d'aquell molí, i el gust reté i grava aquell oli acabat de treure de la pasta de les olives espremudes. Forçosament una estampa del passat perquè tots els organismes que vetllen per la salut i la mecanització han arraconat també les velles premses i antics mètodes de treball. Però com diu l'autor de *Sàpiens*, Yuval Noah Harari, el foc ens va fer perillosos, l'agricultura va despertar la nostra avidesa, la ciència ens ha fet amos de la creació, però res de tot això ens ha fet feliços.

Lleuger

2 de novembre de 2013

Lleugeresa. Després d'una visita sorollosa als espais on el silenci marca les hores, els cementiris, busco la lleugeresa, que per alguna cosa després de Tots Sants ve el dia dels morts. Qui se'ls escolta, els morts? No tenen ni els del CNI ni els de l'NSA ni els espies de *La vida dels altres*, la pel·lícula que il·lustrava el seguiment que l'RDA feia dels seus compatriotes sospitosos de tenir dubtes sobre el règim. Ningú, ni els minyons escoltes de la Camarga. Els espies escolten els vius, i gairebé sense discriminació, és l'espionatge global. El desfici de la seguretat genera inseguretat i fa que es rastregi tot, reis i papes, rics i pobres, manaires i manats. Però els que estan més segurs de quedar lluny que se'ls escolti són els morts. I mira que en diuen, de coses. Ens interroguen, ens pregunten, ens remouen quan som davant del nínxol, davant la tomba, davant les flors que la setmana que ve ja seran seques. No es pot no comunicar. I fins i tot els morts ens plantegen un diàleg. És clar que ens l'hem d'imaginar, hem de suposar, amb l'aval de l'experiència, del coneixement dels parents morts, què ens anirien dient de la nostra evolució. Em direu que això és un diàleg interior, un connectar amb la part inconscient que tots arrosseguem i que permet explorar els sentiments, el passat familiar i els somnis. És irracional. Per això busco la lleugeresa, la de l'ocell, no pas la de la ploma, que diria Paul Valéry, citat per Italo Calvino. La de l'ocell es pot associar a la precisió i a la determinació, mentre que la lleugeresa de la ploma s'associa més a l'abandó, l'atzar o la vaguetat. Lleugeresa després del pes dels dies que se'm fan feixucs entre tanta bromera moderada. Atrapat entre la rapidesa i la tardança, dues forces que tiben dels fets. També en aquesta disputa els morts se'n deslliuren, el seu temps no es mou, tant els fa l'hora nova com la vella, tindran els mateixos rajos de sol. Però vet aquí que en aquests temps de guerra global els missatges ja no s'han d'amagar al ventre d'una llebre com a l'època de Ciros per burlar l'enemic. Els missatges són interceptats a tota hora i encara que no es parli, s'escolta, que és un primer pas pel diàleg. Si han escoltat bé les emocions col·lectives, ja saben què volem. Lleugeresa, que la resposta és com el silenci d'un cementiri.

El temps i la norma

3 de novembre de 2012

Com en la història d'Ariadna aquest teixir i desteixir dels canvis d'hora ens fa passar l'any ajustant tota mena de rellotges. La nova tecnologia dels telèfons intel·ligents ja fa que en alguns casos no calgui tocar-los. Però sempre hi ha dos moments l'any que he de recuperar les instruccions del cotxe per passar de l'hora vella a l'hora nova el rellotge del comptaquilòmetres. Al de la cuina m'és més fàcil, encara que em sap greu redescobrir a la paret l'escletxa del clau que l'aguanta. I com sempre, els dubtes sobre l'eficàcia de la mesura estalviadora. Formen part del nostre mapa mental. Sortir al carrer de bon matí amb aquella explosió de llum solar contrasta amb la foscor intensa a mig vespre. On és l'estalvi de la lluita de la norma contra la natura?

Un altre exemple del si tres són llargues o quatre són curtes és el dels calendaris laborals i la supressió dels ponts festius. En aquest cas ja no és l'hora sinó un dia sencer i de retruc, el seu impacte sobre la setmana el que hi ha en joc. També sota la bandera de l'eficàcia i la productivitat, se'ns diu que tenim un calendari que no fa per ser competitius, que no va a joc ni amb Europa ni amb el món. I en aquest afany de reforma, es volen deixar les setmanes netes de festius. I aquí la reticència dels empresaris de l'hostaleria també ha fet allargassar un debat que ja hem sentit manta vegades. I és que les estadístiques diuen que més d'un cinquanta per cent dels viatges els fem en cap de setmana i aprofitant els ponts. I a més dies, més activitat i fins i tot més taxa turística. Al govern espanyol la lluita la deuen tenir ara entre la Hispanitat i el dia de la Constitució? Amb el dia de la Puríssima? I posats a teixir i desteixir, i passant de les hores i els dies als anys, el debat sobre allargar l'edat laboral i les pensions. Ara volen retardar l'edat mínima per a la jubilació anticipada. I això sense esperar a ni que hagi entrat en vigor la nova normativa. És clar que en això de lluitar contra el pas del temps i les hores guanya Berlusconi. El 2010 va forçar un decret *in extremis* perquè admetessin les llistes del seu partit a Roma, després que l'encarregat de formalitzar-les s'hagués distret fent l'entrepà i no hagués arribat a presentar-les a l'hora que tocava.

Catalunya premsa

5 de novembre de 2016

Per Tots Sants vaig veure a l'autovia de Bellisens, anant del cementiri de Vila-seca cap a Reus, un home que amb un paraigües obert, capgirat, i penjat de la branca d'una olivera, collia olives i les hi acumulava possiblement per conservar-les com olives trencades. No tenia l'aparença de ser l'amo del tros, sinó algun passavolant que es beneficiava de la collita d'algú altre. Aquestes coses passen. Però a aquestes alçades el que toca és fer-ne oli, d'aquestes olives. Al nostre, que és un país de grans olis, arrenca ara la collita i elaboració de l'oli extra verge que, a més de gust i aroma, té bondat terapèutica, benefici directe sobre la nostra salut. I de la mateixa manera que a les cases fem canvi d'armari, l'oli nou arriba per salvar-nos el paladar. Per activar la memòria gustativa, perquè puguem fer la comparativa si el d'aquest any és millor o encara molt millor que el de l'any passat, si és mereixedor de medalla o d'alguna llàntia a la camisa.

Si, per una banda, el fet que als bars i restaurants per mandat europeu s'han acabat les setrilleres i t'han de facilitar oli en ampolla etiquetada, no és menys cert que a molts establiments de Catalunya costa que aquest oli sigui català, per davant dels olis de gran producció d'altres zones. Això encara passa amb el vi, tot i que la tendència s'ha anat corregint, és allò que quan som a taula, la simbiosi de paisatge, territori i productes no va aparellada. Vaja, que a la taula també hi volem trobar olis catalans, els olis de les DOP catalanes que tenen una alta qualitat. I per tant haurem de demanar la carta d'olis, i d'exigir-ho com a consumidors, i buscar-los a les grans superfícies.

Perquè tant oli com vi ens defineixen. Ens singularitzen: som el que mengem i també som l'oli que ens posem a taula, som l'oli amb què amanim, som l'oli que olorem, assaborim, l'oli que fem, l'oli que comprem. Som els rebotims que esporguem, som les olives que premsem.

Som el que premsem. I Catalunya premsa aquests dies i la cascada de festes d'oli nou ja comença. Celebrem-ho!

Set de memòria

6 de novembre de 2021

Imaginat aquella manera de fer. Aquells *semàfors*, guitarres, carpetes de colors, visites a la pastisseria abans d'anar aparentment a missa, tot per seguretat, tot per despistar la policia. Imaginat com devia sonar el primer helicòpter policial trencant el cel de Sant Boi, l'Onze de Setembre del 76. És clar que aleshores l'Assemblea de Catalunya ja feia cinc anys que existia i a més era a punt de donar alternativa a la política institucional que començarien a fer els partits després de la dictadura de Franco, tot i que la reforma es va acabar imposant a la ruptura. D'això fa cinquanta anys. Aquest diumenge el quadre amb el 7 de Tàpies, que llueix al Parlament, travessarà parets i passadissos. Ahir la presidenta Borràs, el Síndic Rafael Ribó, un dels membres actius d'aquella Assemblea, l'actriu Pepa Arenós i el periodista Antoni Batista, que amb J. Playà Maset va escriure *La gran conspiració*, en feien memòria. I aquesta setmana hi haurà un altre acte organitzat des del Govern. No en sobra cap, d'exercici de memòria, i més en un país com el nostre amb tantes crisis obertes. Potser haurien pogut fer de manera de fer-ne un d'unitari. L'Assemblea de Catalunya s'explica com un ens clandestí unitari que entre els anys 1971 i 1977 va lluitar contra el franquisme per recuperar les llibertats col·lectives, començant per l'amnistia i defensant el dret a l'autodeterminació.

Unitari i transversal, amb ideologies i interessos polítics contraposats, però capaços de fixar quatre punts de reivindicació.

Les crosses de la memòria repassen moments com els de la detenció dels cent tretze, dos anys després, coincidint amb el debut de Johan Cruyff com a jugador al Camp Nou, o d'altres més anecdòtics, com la requisa d'una mona de l'aparador de la pastisseria Capdevila de Vic, i molts més, perquè l'Assemblea va ser arreu del país i la memòria col·lectiva també té molt de memòria personal.

Cuidar la terra

10 de novembre de 2019

Tenim una molt bona notícia: arriba l'oli nou. Ja és aquí. Ja es comencen a veure ampolles de les primeres premsades, això que es coneix com oli del raig. La DO Siurana ja ha presentat nova padrina de la collita: l'actriu tarragonina Agnés Busquets, i ja han començat els esmorzars a base de llonganissa i pa torrat, una punta d'all, quatre avellanetes i porró, acompanyades de les fires d'oli, amb tastos i vendes. Per a mi, insisteixo sempre que puc, és dels millors moments de l'any. És el canvi que m'interessa, és el cicle vital que hi som un any més. Que pots fer la comparança de si el gust, l'acidesa, el color, l'aroma de l'oli d'oliva verge extra (amb tots els noms i ets i uts, no fotem!) és millor que el de l'any passat. I d'encertar si la pluja va inflar les olives o si la calorada va assecar els arbres i va deixa caure mitja collita, i de quina manera tots aquests factors acaben incidint en el que tenim a taula. De la mateixa manera que aquesta és la notícia que espero cada any, que és aquell full del calendari que vull arrencar amb més il·lusió, també se m'esqueixa el cor quan sento que al Montsià s'han venut una pila d'oliveres centenàries i de mil·lenàries i tot! Però que no hem quedat que és un bé patrimonial, que vendre's una olivera mil·lenària o centenària és com vendre's el campanar de la catedral o de la prioral? Són notícies doblement tristes, d'entrada per l'espoli col·lectiu de paisatge i arbrat, però també per la història personal que hi ha al darrere d'aquestes vendes. Vol dir que no hi ha un pagès aquí que ho pugui tirar endavant. Vol dir que hi ha algú que ja no ha seguit amb la feina que han generat aquests arbres durant tots aquests anys. Vol dir que aquella terra es pot haver malvenut o que els que en són ara els titulars en fan més de vendre els seus arbres que no pas havent de fer-se càrrec de les cures dels arbres durant l'any i de la collita després.

Són cara i creu de la terra. Que necessita una nova mirada de tota la societat. Aquesta societat del segle XXI que està concentrada en ciutats i que ha deixat els àmbits rurals, i que ha oblidat qui l'acaba nodrint, qui elabora els aliments amb què creix. Que ha oblidat la feina fonamental de sosteniment del territori, en la lluita entre conreus i boscos, que ha oblidat que això té un cost i que la pagesia ha de poder viure amb dignitat de la terra. «Volem viure de la terra» era un dels lemes que van fer sentir els pagesos que reivindicaven el seu paper i feina.

Ara just fa una setmana a El Morell, el sindicat agrari Unió de Pagesos va commemorar els seu 45è aniversari. Constituït encara en la clandestinitat, agrupa uns sis mil pagesos i ha fet una feina essencial per mirar de capgirar aquesta consideració, tantes vegades de menysteniment, d'ignorància afegida, que han patit i pateixen. «Lluites, país, pagesia», aquest va ser el lema de la trobada, on es va reflexionar des del punt de vista alimentari, amb l'Abel Mariné, del de la sostenibilitat climàtica, amb Martí Bodada i des del punt de vista de planificació del territori, amb Jaume Salvat. Tots tres professors universitaris que van trencar tòpics i van reclamar aquest repensar, aquesta nova mirada cap a la pagesia. Jaume Salvat, professor de l'URV, augura que els pròxims anys hi haurà una part de població que tornarà al camp, que tornarà als pobles, perquè la ciutat tampoc acaba comportant altes dosis de felicitat ni és cap garantia que ens hi puguem guanyar millor la vida. La pagesia, doncs, que fa país, que aporta béns bàsics, ordena el territori i gestiona i conserva el medi ambient. I que en temps de trepig de drets i llibertats també ha sabut mobilitzar-se. Arriba l'oli nou, pensem la feinada que hi ha al darrere, pensem en el temps condensat que hi ha en cada ampolla, en cada raig, en cada gota, mentre la degustem. L'oli ja és aquí, això sí que és una certesa i no unes eleccions com les d'avui que ves a saber si acabaran donant un govern. Fem costat als nostres pagesos, mirem amb què omplim el cistell i aixequem la vista cap el paisatge del nostre entorn. Fer-ho és pensar en nosaltres mateixos i en aquesta societat en què ens volem reconèixer.

Botigues i país

17 de novembre de 2012

Aquests són temps en què cal insistir en allò que, de tan assumit, a vegades no reconeixem prou. Penso en el segell de Botiguers pel país, que promou la Confederació del Comerç de Catalunya, i que acaben de presentar coincidint amb la seva setena convenció. Sí, perquè de tant de dir que Catalunya és un país de botiguers potser ho hem oblidat. I ara són els propis botiguers els que busquen la identificació amb el país, alhora que reivindiquen la seva contribució en la trama social de ciutats i pobles.

És clar que vivim un procés de canvi econòmic que s'ha endut pel davant molts dels comerços típics, tradicionals i característics d'algunes ciutats. Aquells establiments que només són d'una ciutat i que els atorguen singularitat. Les franquícies fan una feina d'homogeneïtzació gairebé planetària i si ens deixessin enmig d'un carrer on haguéssim arribat amb els ulls embenats, ens costaria de saber a quina ciutat som, ja sigui de Catalunya o d'Europa.

Potser a base d'anar veient aquest distintiu dels Botiguers pel país tornarem a saber que som a Catalunya. De fet, la campanya persegueix aglutinar establiments, associacions i gremis que tinguin un compromís de qualitat i excel·lència tant sobre estàndards mediambientals com de responsabilitat social o d'accessibilitat. Un comerç del segle XXI. És cert que a més del front dels horaris que els governs de Madrid obren sistemàticament, l'aparició d'internet va canviant els usos i hàbits dels consumidors. Ara podem comprar, o misserejar per aparadors virtuals, mentre estem escarxofats al sofà i fem lliscar el dit per una tauleta electrònica o la pantalla del telèfon mòbil. Ara, a més, ja sigui al Twitter o al Facebook, ens fem seguidors i amics de marques o botigues. I els botiguers necessiten a més d'estar pel país, estar per la xarxa. Han de treballar aquesta dualitat, encara que on poden guanyar la batalla és en el tracte directe, en l'assessorament, en mantenir la confiança dels clients. Un escalf que ens acaba beneficiant com a persones i com a país. A risc que de tan sabuda la lliçó, l'acabem desaprenent.

Vulnerables

17 de novembre de 2018

El bolero que diu «*Reloj no marques las horas*» ha anat sonant aquests darrers dies fos l'hora que fos a la ràdio. El desig d'aturar el temps que cantava Lucho Gatica no ha pogut evitar que acabés marxant d'aquest món, mentre la seva veu enregistrada seguia generant drets d'autor per als seus hereus.

Que un rellotge no marqui les hores vindria a ser un desig per aturar el temps, l'espai, per congelar un moment en què aquesta cerca contínua de felicitat que és, en part, la vida, ens sembla haver-la trobat. Que s'aturi i que la felicitat s'allargassi. Tot i que si ens percebem feliços és pel contrast amb altres moments en què no ho som. No podem ser eternament feliços, i el rellotge no s'atura.

Però sí que és cert que aquest desig l'hem tingut, i sovint per qüestions ben quotidianes, per un so, una mirada, una pronúncia, un gest, un gust que és capaç de condensar aquest esperit. Una espiral que et trepana cervell i accelera el cor, com en un estadi d'enamorament. Atura't, siusplau. Temps, atura't. Una altra voluntat que s'aturi el rellotge és la de Faust, la de vendre's l'ànima al diable per evitar el precipici de l'envelliment i del destí final de la mort. Però com bé ens recorda Joan Carles Mèlich, home amarat de filosofia literària, som finits. Som vulnerables, de *vulnus*, 'ferida' en llatí. L'ésser humà, raona Mèlich, en dues de les seves darrers novetats editorials —*La condició vulnerable* (Arcàdia) i *Contra els absoluts* (Fragmenta)—, fereix i pot ser ferit. I ferida no només com a sinònim de dolor o sofriment, sinó d'afectació. Sempre hi ha «alguna cosa» que ens sorprèn, que ens envaeix, diu Mèlich, i mai som prou competents per donar-hi resposta. I encara: «El cos humà és un cos ferit per les sotragades de les presències i absències dels altres, pels amors i les seves indiferències», les absències, pèrdues, cicatrius del passat. Ho escrivia Virginia Woolf a *Les ones*, viure és posar pedaços a aquestes cicatrius de la vida. D'aquí també el bolero per retenir els bons moments i encara la necessitat de la carícia, la tendresa, per fer suportable la vida.

Estacional

20 de novembre de 2021

Tant el calendari com el temps són convencions, com el llenguatge, d'acord, però tot i que també ho siguin les estacions meteorològiques, o potser perquè ho són, acceptem que hi hagi fenòmens estacionals. Hi ha certes coses que arriben cada any a la mateixa època, com per exemple l'oli nou. Aquesta, que és per mi la millor notícia del curs, que l'espero amb candeletes i que hauria d'obrir els telenotícies, és un fenomen estacional. La seva arribada va lligada a l'arribada del fred, al mes de novembre, i l'entrada de l'hivern. I a l'arribada del festival gastronòmic que és la tardor, amb tots els productes de temporada que renoven el rebost estiuenc. Amb l'oli em passa com amb Francesc Pujols i els catalans i la veritat, que hauria de ser al coll d'un pagès amb una ampolla d'oli del raig, d'oli nou, que la gent s'hauria de llençar i dir-li que té l'hotel pagat. Perquè en aquella ampolla hi ha la veritat, la fragància, l'aroma que et reviu els sentits, aquell amarament de l'oli fent-se pas per una llesca de pa, conquerint cada racó d'aire de la molla.

Arriba l'oli, com ha arribat el vi novell. I arriben les festes, les convocatòries que ens ho fan notar perquè, tot i els calendaris, anem desmarxats. Arriben aquests productes de la terra, amb l'esforç que hi ha al darrere i enmig de les alarmes pandèmiques que diuen que ens preparem que la nova onada, la sisena, ja torna a ser aquí. I que la covid-19 també deu tenir un punt d'estacional, però que la seva escalada ja ha fet tornar a les restriccions molts països del centre d'Europa, mentre que aquí anem de cara a la tercera dosi i al passaport. L'estacionalitat la marquen la grip, i a la llarga, quan la tinguem dominada, la covid, però també els fruits de la terra. Catalunya és un país de vins i també un país d'olis d'oliva, verge extra. Diguem-ho amb tots els ets i uts. I val més que tinguem aquests punts de referència més vitals per celebrar que hi som, que no les onades que també ens recorden com hem malmès el planeta.

Els amics dels clàssics

28 de novembre de 2010

Els dies d'anar a fer olives estan gravats amb fred en la pell de plegadores i de colliters de totes les èpoques. Són un clàssic. Aquests són dies d'anar a l'oliva, de collita, d'oli nou, d'aquest element bàsic i patrimonial de la dieta mediterrània. El mateix que fa lliscar estrelles Michelin i reconeixements quotidians. El gran cronista Bladé Desumvila explicava que els dies de fred les collidores «Fan pietat», ajupides, embolicades amb bufandes i roba vella, amb les puntes dels dits morades i clivellades, «Cullen el fruit humil i preuat sense aixecar el cap ni parlar gaire».

Així deurà anar aquest diumenge electoral a molts punts del país. Amb el fred i els partits i els seus interventors recollint vots preuats, com si fossin olives, arbequines, fargues, morrudes, de fulla de salze, sevillanes, bordes o verderoles, i sense aixecar massa el cap. És cert que en termes econòmics no està ben vist ser país d'oliveres. La ministra Salgado ja li ha explicat al Rei que això s'aprèn en dues tardes. És clar que els de la mantega tampoc se n'acaben de sortir.

Contra el fred, a veure si surt el sol, tal com canta l'última aliada de la nostra llengua: Shakira. Després del Papa, la cantant colombiana és la segona personalitat de ressò internacional que més ha fet pel català. Shakira, pendent de sanció municipal, es mostra més comprensiva amb el català que la defensora del poble, constitucionalistes i l'habitual personal recorrent. Potser serà cert que sense multes, ni que siguin per banyar-se en una font, o anar a més de vuitanta i sense casc, es guanyen adeptes lingüístics.

Avui i demà viurem expectants dos clàssics que voldríem massius, a més de la collita d'olives: eleccions al Parlament i Barça-Madrid. Expectació per un resultat, per dos. Expectació per una porra, per dues. És clar que són cites que ni aixequen la mateixa passió ni provoquen la mateixa bogeria. S'ho endurà tot Gerard Piqué i els seus companys d'equip, que per alguna cosa saben escalfar millor.

L'escala

30 de novembre de 2013

Jacob era germà bessó d'Esaú, fills tots dos d'Isaac i Rebeca, nets d'Abraham i Sara. I Jacob, per un tripijoc d'herències, com que temia la venjança del seu germà, va fugir de nit. A l'hora de descansar, es va estirar amb el cap recolzat en una pedra i es va adormir de seguida. Va somiar que al seu costat hi havia una escala que arribava fins al cel, per on pujaven i baixaven un estol d'àngels. I d'allí mateix Jahvè li deia: «Sobre aquesta terra es multiplicarà la teva descendència. No tinguis por que no t'abandonaré mai». Al deixondir-se Jacob, va marcar aquell lloc, posant dreta la pedra on havia dormit, per determinar que aquella era la porta del cel. La història de Jacob l'he rellegida a *La Bíblia de tots*, il·lustrada per Pilarín Bayés, que tot just s'acaba de publicar. Una plaent eina per recuperar l'oremus perdut, que diria l'Alsius. M'aturo en el somni de Jacob perquè tot just aquesta setmana en un tast de vins dels Cellers Scala Dei, del Priorat, el sommelier Xavier Nolla explicava la història d'Alfons el Cast, que va cedir uns terrenys als cartoixans per fer un monestir, i que van triar el lloc seguint el somni d'un pastor, el d'una escala repenjada en un pi per on pujaven i baixaven un seguit d'àngels. És clara la connexió bíblica i el desig de trobar l'accés al cel.

També aquests dies l'actor Pep Jové representa a La Seca de Barcelona *Novecento*, la llegenda d'Alessandro Baricco sobre el pianista que tocava en un vaixell a l'oceà i s'enfilava en una escala gairebé per tocar el cel. No estàs realment fotut mentre tinguis una bona història i algú a qui explicar-la, diuen a *Novecento*. Això és el que deu haver fet de la Bíblia el llibre més venut, traduït, rellegit i fins i tot més il·lustrat. Recentment de Perico Pastor a Pilarín, però present a la història de l'art. D'aquí una potencial funció d'aquesta Bíblia per a nens i grans, ajudar a situar Rebeca, Jonàs o Noè i totes les nissagues. Entendre el valor simbòlic i d'un llibre que té un ritme vital. Fins i tot el ministre Wert va tenir una referència ironicobíblica, quan va dir, amb la LOMQE aprovada, que després del temps de destruir ha arribat el de construir. Es veu clarament que la Bíblia permet moltes lectures. Només cal que cadascú col·loqui l'escala a lloc per abastar el cel, que cadascú faci el seu camí de llibertat per arribar a la terra promesa.

Detalls de llum

30 de novembre de 2019

L'encesa de llums de Nadal a les diferents ciutats i pobles de Catalunya és d'aquelles que marca cicle. Ensinistrat a apagar els de casa, he assumit l'ofici dels antics fanalers que a més d'encendre també havien d'apagar, i vaig polsant interruptors esperant que el tou dels dits venci la força que il·lumina habitacions buides. Amb aquesta constant al cos, m'impacta veure l'encesa, una mena de focs d'artifici d'esclat permanent. I és clar que han de tenir algun efecte sobre el nostre estat d'ànim i sobre el nostre subconscient, i generalment positiu. I és que quan Raimon cantava *Al vent*, tots estem plens de nit, buscant la llum, buscant la pau, buscant a Déu, ja és ben bé que això s'escau per Nadal, que tots plegats anem buscant, especialment, amor i tendresa. La llum que ja encenem al novembre, anant més avançats que un calendari d'advent, ens posa en disposició per allò que vindrà. Pel cicle festiu de pastorets, pessebres, tions, homes dels nassos, reis. Posats a avançar, les rebaixes tenen de fa pocs anys l'estímul afegit, seguint el patró nord-americà, que mica en mica es va fent seus els calendaris del planeta, dels divendres negres i dels dilluns cibernètics. Es veu que no en fèiem prou amb els llums als carrers que també tenen aquesta altra funció subliminal per animar el comerç i el consum. Per animar-nos a complementar la tendresa i estimació amb un regal, mirant de traduir la felicitat en les coses. De dipositar l'esperança en un objecte, en un detall. Pensava en els detalls, en els bocins de felicitat aquests dies que m'he llegit els diferents llibres que s'han publicat sobre el judici, ja sigui de presos o d'advocats. Raül Romeva, que hi ha donat el seu toc d'humor amb els esbossos que va fer de les sessions al Suprem, o Cuixart amb el conte *Un bosc ple d'amor*, o els advocats Jordi Pina i Xavier Melero, o Jordi Turull amb Gemma Aguilera, que explica que quan va rebre la notificació de la condemna va preguntar si havia de pagar alguna cosa, o Carles Mundó, quan una lletrada del Suprem li va agrair que haguessin anul·lat un dels judicis del franquisme del seu avi, o encara el de Joaquim Forn, quan diu l'instant de felicitat que va suposar badar amb el paisatge que veia des de la finestra del cotxe que el va traslladar de la presó fins a Barcelona el dia que es va constituir l'ajuntament. Tots són relats de llum i en tots hi ha detalls de felicitat, dins del drama que comporta la seva situació.

«Apeirògon»

4 de desembre de 2021

Vivim la nostra vida en cercles que s'eixamplen i s'estenen per tota la superfície, va suggerir Rilke segons que recorda Colum McCann a un dels llibres de l'any: *Apeirògon*. Un llibre d'aquells que transforma i que em passo els dies recomanant a tort i a dret. N'hi ha per triar i remenar ara mateix a les llibreries i a punt de celebrar el Sant Jordi nadalenc, una altra de les temporades altes editorials de l'any, que també té, a banda de l'abril, i de la Setmana del Llibre del setembre. Em fa l'efecte que la lectura d'*Apeirògon* m'ha produït l'impacte del *No diguis res* de Patrick Radden Keefe. Conflicte polític i violència, aquest últim reportatge periodístic a Irlanda, l'*Apeirògon*, novel·la sobre Israel i Palestina i sobre la construcció de la pau.

És la història d'aquests dos pares, un de jueu, Rami, i l'altre palestí, Bassam, que es refan de la mort de les seves filles, una en atemptat, l'Smadar, l'altra en un control fronterer, l'Albir. Una història íntima i col·lectiva al mateix temps, amb una estructura magnètica, que et fa pujar cinc-cents esglaons i després te'ls fa baixar, i que en el cim mira cap a les mil i una. El relat, la forma, la miscel·lània, aquests miralls infinits, aquesta geometria inacabable del dolor, i al mateix temps de la construcció dels vincles de pau, superant estructures i marcs mentals enquistats. «No permeteu que la branca d'olivera em caigui de la mà». «L'aigua dissol més substàncies que qualsevol altre líquid fins i tot l'àcid». Colum McCann fa avançar el seu relat sovint amb frases com aquestes o amb una foto. És la forma i és la veu ideal per explicar un conflicte complex i on es desplega la força de l'amistat. Una escriptura que sacseja i enamora pel seu lirisme potent i enlluernador. I amb les grans preguntes que s'arrosseguen de tant de temps i que Einstein traslladava a Freud. Per què no s'estronca la brutalitat, per què els patrons de violència no es mitiguen ni tan sols davant les súpliques més eloqüents?

Inútil utilitat

7 de desembre de 2013

No hi ha res d'inútil, ni tan sols la inutilitat mateixa, diu Montaigne. El pensament el recull el calabrès Nuccio Ordine, que la setmana vinent presentarà a Barcelona el seu manifest, editat per Quaderns Crema, *La utilitat de l'inútil.*

Un recull de cites sobre els sabers tradicionalment considerats inútils, els humanístics, que, ben pensat, acaben sent més útils que els suposats sabers econòmics.

El llibre inclou un assaig del 1937 d'Abraham Flexner on es diu que alguna de les grans descobertes de la ciència ha sorgit d'investigacions considerades inútils pel fet de ser alienes a qualsevol aplicació pràctica.

Leopardi, Cioran, Baudelaire, Kant, García Lorca i molts altres hi han dit la seva, sobre aquesta gratuïtat que es revela essencial. Com Sòcrates, que practicava amb la flauta una melodia mentre li preparaven la cicuta. «Per a què et servirà això?», li preguntaven, i el filòsof responia impassible: «Per saber aquesta melodia abans de morir». És la voluntat de conèixer, tant en el llindar de la mort com en qualsevol altre moment.

Com l'anècdota dels peixets que ignoraven que es movien en l'aigua que l'escriptor Foster Wallace explicava als seus alumnes. No tenim consciència, que la literatura, la poesia, la cultura i l'ensenyament són el medi ideal perquè es desenvolupin la democràcia, la tolerància o la llibertat. Però vivim un moment difícil, en un context en què els deutes dels bancs i les finances es carreguen d'un cop, com diu Ordine, el deute amb aquells que ens han regalat un extraordinari patrimoni artístic, filosòfic, musical, literari, arquitectònic i científic. L'interès econòmic mata les disciplines humanístiques, llengües clàssiques, la fantasia, l'art. I més encara quan la deriva econòmica acaba obligant la ciutadania a fer recaptes d'aliments o de diners per a la recerca. Quan els rànquings pedagògics ens trepitgen l'ull de poll, del sumar i restar, del llegir el món. Incapaços d'entendre'l sense tota la utilitat de l'inútil.

Servillo

13 de desembre de 2014

Que Santa Llúcia ens la conservi. Perquè a vegades no sabem si les coses passen del cert o les hem imaginat en un somni. Ni veient-les amb els nostres ulls podem determinar si allò és veritat o mentida. O a vegades ni veient-les, ens les volem creure. Ho adaptem al nostre desig. El desig d'estimar i de ser estimats. Maleïda necessitat d'estimar, que escriu Melcior Comes a la seva fantàstica novel·la *Hotel Indira*. I la frustració repetida dels desitjos és el que manté viva la demanda, apunta el líquid Bauman. El desig, la mentida, la veritat. Nietzsche diu que «Les veritats són il·lusions que s'han oblidat que ho són: metàfores que s'han tornat gastades, monedes que han perdut la seva imatge i que ara només compten com a metall, però ja no com a monedes». Embasto aquestes idees avui que les modistes i els rellotgers fan festa al voltant de la seva patrona. I mentre em refaig dels Servillo, del Toni i el seu germà Peppe, que també fan dels germans Alberto i Carlo Saporito en aquesta festa interpretativa que ha omplert el Teatre Lliure amb el text d'Eduardo di Filippo, *Le voci di dentro*, amb el Piccolo de Milà i els Uniti de Nàpols. Els Saporito tenen un negoci de llogar cadires de boga per actes socials, i et deixen clavat amb aquesta història que beu de Ionesco, Pirandello i el teatre popular. Saporito denuncia els seus veïns per un assassinat que ha vist en somnis. I això destapa les hipocresies, pors i sospites de tots plegats. Els rumors i la falsedat que Di Filippo estén per la platea. I en la construcció del personatge, el magnetisme de Toni Servillo s'alimenta dels èxits cinematogràfics *La grande bellezza* i *Viva la libertà*, que li han donat una fama recent, que el consoliden com el gran actor europeu i que fan peregrinar els espectadors fins al Lliure. Aquells que s'acosten per comprovar si Servillo és de veritat o de mentida. En aquest joc de versemblances, de construcció de realitats de somni que és el teatre. En el joc teatral que fem de la vida.

Rifes

14 de desembre de 2019

Passat santa Llúcia, i feta l'advocació que ens conservi la vista, el calendari d'advent agafa una velocitat nadalenca més forta, gairebé desbocada. Som en la cursa de les rifes i la solidaritat. Hi ha una disputa soterrada a vegades, descarnada d'altres, per tenir presència i aconseguir que les nostres butxaques es buidin en una direcció o altra, i tot plegat com en una mena de força antagònica. El somni de la rifa, aconseguir que l'atzar ens capgiri la foscor de les nostres finances i ens faci sortir de la crisi quotidiana, està molt arrelat en l'interior de cadascú, i a la rifa de Nadal que es juga a tot l'Estat, que segons que explica l'historiador Albert Garcia Espuche es va començar a jugar el 1700 a Barcelona abans de traslladar la seu a Madrid, ja fa anys que té la competència de la Grossa catalana, a banda de sortejos especials de l'ONCE, i de tota mena de sortejos de paneres o d'altres rifes vinculades. Sí, no va ser Carles III qui va introduir la rifa; a finals del segle XVII ja es jugava a Barcelona, i l'Hospital de la Santa Creu el 1700 en tenia una d'organitzada, i el 12 per cent de la recaptació d'aquells vint-i-dos mil números a cinc lliures i mitja cada butlleta, havia de servir per sufragar l'hospital.

L'exitosa Rosalia coneixia bé el desig arrelat que tenim de ser milionaris, quan va fer el seu *hit* en català. I ja veieu que en els fonaments la sort anava lligada a algun propòsit i causa benèfica. I justament la solidaritat també troba la seva temporada alta aquests dies.

Demà ens convoca la Marató de TV3 i Catalunya Ràdio, aquest any dedicada a la recerca sobre malalties minoritàries. Acostumats a la minorització, demà és d'aquells dies en què capgirem el tòpic i estigma.

Demà podem tornar a excel·lir en el gest de contribuir, de donar, a ajudar a la recerca mèdica, esperant aquesta vegada que el guany no sigui individual, com quan comprem una butlleta, sinó col·lectiu, i que els milions i desitjos serveixin per fer un dia a dia més digne i allunyat de la malaltia per tots plegats.

Truquem

15 de desembre de 2012

Està clar que som lluny del pronòstic de Francesc Pujols, aquell que deia que arribarà un dia que els catalans tindrem totes les despeses pagades allà on anem només pel fet de ser-ho, que la gent se'ns llançarà amb llàgrimes als ulls i amb desig de tocar-nos per tocar la veritat. És veritat que aquesta hora no ha arribat, i això malgrat els bancs. Malgrat la campanya publicitària que ha fet lema del seny coincidint amb les eleccions on el clam d'emprendre la gran aventura més assenyada ha sigut més gran que mai.

Potser sí que hi haurà un dia que els catalans tindrem la fonda pagada quan tomben pel món. Mentrestant, ens hem d'anar espavilant. Demà amb *La marató* de TV3 podrem exercir la solidaritat en pro de la recerca mèdica, aquest any contra el càncer. Per cert, quina poca gràcia, sensibilitat i tupí del ministre García-Margallo, que l'endemà del 25-N va dir que som davant una pneumònia quan hauria pogut ser un càncer terminal. El desembre i les festes de Nadal a Catalunya són la temporada alta de la solidaritat interna: la Marató, Banc dels Aliments, Càritas desbordada, Intermón, les residències geriàtriques d'Acra donant àpats a qui no en té. La llista és molt més llarga, i, parlant de maratons, aquest any també hem respost a la de la pobresa per a projectes del Tercer Sector. I encara hi podem afegir la solidaritat territorial, que, segons les balances fiscals, fa dels catalans un poble solidari de categoria prèmium. Però a la Marató de TV3 li queden dos dies abans no l'enviïn al Constitucional. Li ha passat a l'euro per recepta, que acaba de suspendre el govern del PP, tot i que era una exigència d'ERC per pactar amb CiU. Li pot passar a la taxa turística, que també volia el ministeri del ram. Ha passat amb la idea de gravar els dipòsits bancaris. Passa amb els deutes reconeguts en matèria d'infraestructures. No en veiem ni cinc. Per tant, demà podem tornar a exercir el dret a ser solidaris, que ja el tenim més rodat que no pas el dret a decidir.

Exagerats

15 de desembre de 2018

Pots començar de la manera següent: «Si jo fos escultor...», i utilitzar l'exageració i la ironia. Ho diu Enric Casasses per començar el nou assaig de l'Eloy Fernández Porta *L'art de fer-ne un gra massa*. Just aquest dissabte el poeta presentarà el seu darrer poemari *El nus la flor*, a la llibreria La Calders de Barcelona amb recital inclòs. I l'assagista la setmana vinent, el seu a la Fundació Tàpies acompanyat de l'Oriol Vilanova, l'artista que li fa de motor per a la seva història cultural de la saforologia. Vilanova va exposar a la Tàpies diumenge una mostra de vint-i-set mil postals de tota mena i condició, un afany de col·leccionista esdevingut obra d'art. Potser en podríem dir, mal dit, una mena de síndrome de Diògenes amb les postals. En parla també de Diògenes Casasses, per bé que més obsedit per la veritat. Una veritat que només s'aventuren a dir els poetes. I Casasses, que ha fet una altra brillant història d'amor que es pot llegir també com una investigació del funcionament del cervell humà i de l'ànima, diu això tan bonic de «Com més m'estrenys, més m'eixamplo». Una nova versió del *T'hi sé*, un missatge d'amor permanent, constant, immortal. Ho té això l'amor, o l'enamorament, que possiblement ens fa veure en l'altre allò que només l'enamorat veu, i exagerem virtuts i condicions, bellesa i intel·ligència de l'ésser estimat. I de l'exageració, de l'excés de la safor, com explica Fernández Porta que en diuen a terres de Ponent, vivim. De fet, posats a fer-ne una teoria pujolsiana, no és que els catalans ho tindrem tot pagat quan anem pel món, sinó que, qui si no nosaltres, els catalans, que a la recerca d'una llengua estàndard, hem arraconat en excés les variants del català, podria haver previst una victòria de Donald Trump? L'Eloy elabora teoria i repensa quin mal o com ha acabat conformant la cultura catalana, el centralisme barceloní, i no només perquè ja deia Valentí Almirall que «l'exageració és el vici més funest que se'ns ha encomanat».

Però aboquem-nos al vici de l'exageració! Mirem la vida amb aquestes ulleres saforològiques que ens augmentin l'autoestima, com quan vivim enamorats. I és que com canta Casasses: «Tot sol caus al caos, tu, ego,/prô jo, sense l'ego, plego».

Tenir ofici

16 de desembre de 2017

L'abim de la condició humana. Som aquí i no la podem perdre mai de vista. Tan fràgils com som, no sabem ben bé quin grau de patiment estem disposats a suportar i a traslladar. Sovint tinc la impressió que amb això del patiment passa com amb aquella llei que tots ens sabíem de jovenets, que l'energia ni es crea ni es destrueix, només es transforma. Passa alguna cosa semblant amb el patiment, amb el dolor. Què té de complicat l'ofici de viure? Amb tantes coses bones i tantes de dolentes. Possiblement l'escriptor italià Cesare Pavese, que va viatjar al regne dels morts amb només quaranta-un anys, en devia tenir les claus, i per això aquest títol (*L'ofici de viure*) paradoxalment va ser el darrer que va escriure, amb un seguit de meditacions sobre l'existència, els records, els somnis.

Potser només estem fets de records. Potser el millor és quedar-se sempre amb la millor estampa que siguem capaços de retenir de cada hora, de cada dia, de cada persona. Aquell somrís que ens faci arribar més enllà dels dies feixucs. No podem fer altrament que aixecar-nos buscant instants de felicitat, pessics. Em serveix bastir un paradís artificial, tant és si amb una obra esforçada o per un simple truc. Som en dies màgics, tot el cicle nadalenc, que va del tió als Reis, passant per l'home dels nassos, no funciona sense truc, i bé que ens regala moments que ens acompanyaran per sempre. Perquè com escrivia Pavese el 19 d'abril de 1940, les generacions no es fan velles: «Tot el jovent de qualsevol temps i civilització té les mateixes possibilitats de sempre». Vull creure que és veritat, i que fins i tot aquells que han buscat la intimitat del seu adeu, que han acabat el camí i han plegat abans d'hora, deixen algun marge d'esperança, algun record de somrís, a banda de transformar el seu patiment en el dels que el segueixen. Que no restin possibilitats als altres. Fora d'això, la perpetuïtat no la tindrà ni el nostre paisatge quotidià, i les oliveres esperaran una glaçada perquè una generació l'expliqui a una altra.

Maquetes

17 de desembre de 2016

Enlluernat per l'enginy dels paradistes de la fira de Santa Llúcia de Barcelona (el mateix d'altres fires de Nadal que es fan arreu del país), em vaig interessar dies enrere per una bomba que em fes córrer l'aigua d'un riu que volia incorporar al pessebre. Parlo en passat perquè ja no m'hi veig amb cor, després que un jove venedor m'expliqués com els construeixen ells. Aquell aspecte d'un riu *jivaritzat* no es fa en deu minuts. Fer una base de poliuretà o similar, amb un dipòsit, i una decoració amb pedres i herbes em duria uns tres mesos, em va dir. Em vaig quedar de pedra, tot i que en el meu interior encara em debato entre intentar-ho o tornar-hi a posar un tram de riu que ja tinc i que recorda més un revolt de Scalextric esmaltat, o recular fins al paper de plata de quan era petit. Un pessebre com una maqueta d'un passatge històric i de tradició. Aquest dimarts em va tornar a picar el cuc de provar de construir el riu. El Consell Comarcal del Tarragonès lliurava ja en la seva setzena edició els premis de batxillerat i de cicles formatius de grau superior, i una de les alumnes premiades, la Clara Sanz Figueras, ho va ser per un treball sobre els moviments dels vessaments de petroli, en un cas hipotètic que pogués passar al port de Tarragona. El certamen és d'aquells que reconforta perquè constates que a les aules hi ha molt de talent i de potencial. L'interès per l'entorn, el medi ambient, la salut, la metodologia, l'exposició en públic, la voluntat, les ganes dels nostres joves, fan pensar que el futur només pot ser millor. És engrescador i il·lusionant. Torno a la Clara perquè per al seu estudi va fer una maqueta del port amb la nova terminal de creuers enllestida i la monoboia canviada de lloc, i amb el perfil de costa, amb la veïna platja de La Pineda i una part de front marítim que li permetia provar el moviment de les ones, i com el port acabaria retenint els efectes d'un hipotètic vessament. Impressionant! I pensava si tant de parlar de referèndum, el 9-N no hagués estat també una maqueta, allò per saber com s'ha de fer, com un pessebre.

La joguina estrella

19 de desembre de 2010

Un tren no sé si l'havia posat mai a la carta perquè quan jo era petit els reis feien una mica el que volien. No com ara. Llavors havies d'adaptar la teva alegria a la joguina que duien, un dorremi o un colt, encara que no l'haguessis vist mai a cap aparador. És clar que el tren va ser la joguina definitiva.

Potser per això visc la nostra realitat ferroviària amb ulls d'infant, esperant la sorpresa. I content de veure com es despleguen quilòmetres d'AVE entre Madrid i València, i Múrcia. Tant d'entossudir-nos amb el corredor del Mediterrani, i encara resultarà més curt anar de Barcelona a València passant per Madrid que no seguir Via Augusta avall.

Aquí també ens passa que qui havia de posar el corredor del Mediterrani a la carta, el ministeri espanyol de Foment a l'època d'Álvarez-Cascos, no ho va fer. La carta anava adreçada a la Comissió Europea, i el Tribunal de Comptes Europeu, contagiat dels aires de wikileaks, ha revelat que l'any 2004 el corredor del Mediterrani no figurava entre els projectes prioritaris, d'entrada perquè la selecció no es va fer tenint en compte els fluxos de trànsit i perquè el govern espanyol va apostar per la radialitat, hereva, com diria Germà Bel, del model borbònic francès.

De fet, des d'avui l'alta velocitat de pujada des Figueres creuarà el centre del món, l'estació de Perpinyà, i s'enfilarà fins a la capital d'Espanya: París. És clar que per arribar a la capital de Catalunya el trajecte s'haurà de completar amb *tren cafetera*. I si volem anar sud enllà, ens quedarem travats en la via única entre Vandellòs i Castelló. A la carta als reis hi hem de posar un any més uns quants trams de via. Si hi ha carbó, no el llençarem, ens pot anar bé pels regionals i rodalies transferits a la Generalitat. És clar que com aquesta cessió no convenç Artur Mas, estarà bé saber què diu demà al seu discurs d'investidura sobre la via que ens cal fer als catalans.

Germans Salvador

19 de desembre de 2015

Ja tinc el bosc al cotxe. El decorat de paper de Germans Salvador que cada any per aquestes dates carretejo de Barcelona a Vila-seca perquè al meu poble, on faig *Els Pastorets* de Folch i Torres, hi hagi la perspectiva i cromatisme d'aquests grans escenògrafs. Els germans Joan i Josep van obrir l'any 1949 un taller que ha servit decorats arreu de Catalunya (a més del bosc que m'espera cada any, hi ha molts altres paquets que esperen ser penjats aquestes dates), que servia al Liceu, al Paral·lel o a la Passió de Cervera. Que han fet milers de decorats, ciclorames, cortinatges, telons de boca, cortines de sala, per professionals i amateurs. A la sèrie *Olor de Colònia* o a pel·lícules com *Red Lights* o *The wine of summer* hi ha material seu. Entrar al taller de la ronda de Sant Pau és tota una experiència. Hi he vist des de la tomba d'un faraó fins a una cabina londinenca, passant per la cova del tresor, i decorats refets, repintats, apedaçats com qui va al traumatòleg. I una gran col·lecció d'escenografies històriques que ben bé podrien formar part del fons d'un museu o arxiu de les arts escèniques. Però tot això corre el risc de passar a la història o d'engreixar la desmemòria. La Guillermina Salvador, la filla de Josep, que és qui ha anat seguint en el negoci, es veu pressionada a deixar el local, i sense forces per engegar en un altre emplaçament.

Em direu que tot té un cicle. Que les noves tecnologies arraconen el paper. Aquest any he anat a veure *Patufet, el Musical* i l'any passat, *El Petit Príncep*, per parlar de dos espectacles familiars, i la pantalla pixelada substitueix pintura i paper. Vivim en l'era de la realitat virtual i augmentada, ho comprovarem demà a TV3 al programa de nit d'eleccions. Quadres i escons imaginaris, pura projecció volumètrica.

Però seguint el càndid rampell de J. V. Foix també a mi «M'exalta el nou i m'enamora el vell», i m'agradaria que la Guillermina trobés la manera que l'herència dels germans Salvador no s'acabés aquí, com qui llisca el dit per passar pantalla.

Ritmes

20 de desembre de 2014

Els calendaris d'advent (una tradició anglosaxona més que va arrelant aquí) obren les seves finestretes a carrera feta i les figures de xocolata es fonen en dos segons. Bé vaga que tinguin forma de pilota de futbol, de trineu o de màquina de tren. El rampell infantil vol fer saltar els dies impulsat per la llepolia. Aquest mes de cartró que ens vol marcar el pas del temps amb els dies encunyats, ensopega de tant en tant.

Joan Barril ens ha deixat. Ens ha deixat sense fer soroll. En un adeu de ritme pausat i serè, amb cançons i versos i lloances d'amics i estimats. Amb el mateix ritme que ell donava a la seva manera de fer ràdio. El veig, per bé que la coneixença sigui purament de coincidència professional aquests darrers anys a Catalunya Ràdio. El veig somriure i retinc aquesta mirada i aquesta veu. I amb aquesta imatge penso en els ritmes vitals tan necessàriament diferents que té cadascú. Encara que la durada de dies, hores i mesos sigui la mateixa per a tots els humans. Aquesta convenció que és en mans de rellotgers i d'aquells que dibuixen les diferents cares i gruixos de la lluna en un calendari, ens serveix per a tots, però no tots l'aprofitem de la mateixa manera. Tenim clar que l'experiència de la vida és de difícil transferència. Hi ha un seguit de vivències, des del dol fins a tenir un fill, un amor, una malaltia o tantes altres que no s'aprenen des d'un manual. Malgrat que hi ha un gruix de material de suport publicat que mira d'oferir la llum de la nit. L'experiència dels altres ens pot acompanyar però no substituir la nostra. Montaigne deia que tenia un diccionari «Completament personal: passo el temps quan és dolent i desagradable; quan és bo, no el vull passar, el torno a tastar, m'hi aturo». I això mirem de fer la resta de mortals. Per bé que a vegades quan el temps és bo també podem fer el contrari, accelerar-lo, consumir-lo a glopades. Fent com la canalla que no té aturador i que és capaç de devorar dies i xocolata, i precipitar l'advent.

HIVERN

La cadira

24 de desembre de 2011

Al marge de tions, arbres i pessebres, l'element mobiliari que les pròximes hores disputarà protagonisme als altres és la cadira. Aquestes festes les cadires de les cases s'agrupen al menjador, les de la cuina, despatx, habitacions, terrasses i trasters, surten del seu lloc habitual i avancen com xais i es concentren en ramat al voltant de taules apedaçades amb cavallets i taulells de conglomerat. De fet, les cadires de tota mena i condició tenen la competència d'aquests altres complements sense nom.

Ho hem vist al fuster o als megacentres de bricolatges: fustes i taulons a mida per allargar les taules de les cases. Això, o dues taules que no acaben d'encaixar mai bé del tot. Solidaritat amb aquells a qui els tocarà dinar demà o per Sant Esteve, i potser sopar aquesta nit, amb el peu o el genoll fregant la pota del cavallet. De la seva paciència depèn que no trontollin els àpats a taula i que la fragilitat de les concentracions familiars nadalenques no acabi amb tot per terra.

Però al marge d'encabir tothom al redós de galets o canelons, hi haurà algun moment en què la cadira farà d'escenari.

Servirà de talaia perquè els més petits de cada reunió s'enfrontin al seu públic. I és un moment important. Hi ha gent que ho recorda amb pànic, que ho temia, que passava un tràngol encara que el públic fos conegut. Des dels escenaris, sovint els actors no distingeixen qui els observa perquè els focus els ho priven. Però a les cases s'ha d'anar amb compte de no topar amb el cap les làmpades i que no caigui més d'una llàgrima. I arriba el moment: enfilar-se dalt de la cadira procurant no perdre l'equilibri, o que t'hi enfilin d'una revolada. I començar a desgranar versos i rimes, campanetes que bateguen com el cor, i petons i felicitacions, i el pastor que torna a ser al pessebre i al que li continua faltant un braç, una cama i tenint el nas pelat. Però malgrat les declamacions precipitades, les diccions atorronades, les repeticions i els embarbussaments, hauríem de mirar de no perdre aquest moment d'actuar de cara al públic familiar. Després sentim a dir que, a diferència d'aquí, a França o als EUA quan les càmeres de televisió aborden la gent pel carrer tothom sap lligar dues paraules amb sentit. A la cadira, doncs, que com a mínim ens sapiguem desitjar, sense caure i de manera clara, un bon Nadal.

Fem bondat

27 de desembre de 2014

Amb la mateixa fe que el tió ha repartit màgia, ara haurà de marxar de casa sense que ningú li obri la porta. Quan jo era petit, el cremàvem. Vaja, que cagava ja entre flames i s'hi consumia. Tenies clar el seu final. Però com que ara a les cases ja no hi ha foc a terra, els tions tenen potes i fesomia i tot, i el seu ventre ja no és el d'una soca buida, no és el ventre de l'arquitecte de Greneway. Pugen en ascensor i marxen sense ser vistos. Per uns dies han hagut de sotmetre's a una dieta que riute'n de la Dukan, i de les proteiques amb pols per desfer o les de dos dies. Una dieta a base de mandarines, taronges, alguna garrofa i bones dosis d'aigua. Potser aquest repàs ja em situa en la fase posterior al cicle festiu de Nadal. Potser és per animar-me perquè això tot just acaba de començar. Només hem fet els àpats de Nadal i Sant Esteve i encara ens queden els de Cap d'Any i Reis. I de seguida vindrà la festa major d'hivern de molts pobles: Sant Antoni. I el menjar festiu no ens deixarà de petja. Som al pas de l'equador d'aquesta cursa de relleus de la il·lusió. La balança que en el primer tram tenen el tió i el Pare Noel emparat amb l'arbre es decantarà ara pels Reis, aquests que no comptem que abdiquin mai, per bé que hi ha un moment en què amb el somni revelat ens expulsen de la seva cort. I amb la presència del tió i l'espera dels Reis, modelem la nostra conducta, pacifiquem gestos, preservem sofàs i escurem els plats fins al darrer gra d'arròs. L'amenaça és massa gran. Si no ens portem bé, el tió no cagarà i els Reis ens duran carbó. Hem crescut en la il·lusió, i per això fem bondat. Participem quan ens ho demanen i proposen, ens donem les mans de punta a punta del país, fem tota la via que calgui, i ens autoinculpem. Tot sigui per no trencar el miratge, per no desfer la il·lusió, tot sigui perquè els que tenen els poders compleixin la seva part del ritual, del pacte no escrit. Som uns infants.

La Sibil·la

28 de desembre de 2019

La Sibil·la i el seu cant van recuperant presència la nit de Nadal. Aquesta peça d'origen medieval que profetitza l'arribada del redemptor i, al mateix temps la del judici final, es va cantant cada vegada a més temples i basíliques d'arreu dels Països Catalans, com a preludi o dins de la missa del gall. A les Illes és, amb l'Alguer, on ha perviscut amb més força després que el concili de Trento del segle XVI en prohibís les representacions a les esglésies per considerar que era un ritual pagà. I de fet a Mallorca és Patrimoni Immaterial de la Humanitat des del 2010.

Maria del Mar Bonet la té enregistrada i la canta a l'església de la Bonanova, a Palma. I a Barcelona Lídia Pujol l'ha cantat a Sant Joan Baptista de Gràcia, i també s'interpreta a Santa Maria del Mar des del 1984 o al Pi, o a la catedral on la seva arribada és espectacular. I la llista és molt més llarga: la Seu d'Urgell, Ripoll on es té notícia de la primera versió musical coneguda el 975, i a Gandia, Ontinyent i altres punts del País Valencià. La soprano Marta Matheu omple cada any la catedral de Tarragona, i la mateixa versió arranjada per Xavier Pastrana es fa des del 2017 al santuari de Misericòrdia de Reus.

La canta Mireia Tarragó, d'una veu preciosa, que ja s'ha pogut sentir des de l'Auditori, Palau i Liceu a Barcelona, com a la Schubertiada o a Bordeus, i que amb el cor Da Capo la nit de Nadal contribueix a aquesta recuperació d'una força entre tel·lúrica i celestial. És principi i final, és aquesta terra que es remullarà de suor, aquestes muntanyes que s'anivellaran amb els camps, i «S'acabaran els blaus oceans, la terra destrossada perirà». Així es canta en català el que abans es cantava en llatí, per aquestes figures, espasa en mà, que escapcen la llum. La Sibil·la que he anat buscant per la meva passió oracular, Delfos ençà, és l'únic personatge pagà que es va fer un lloc en la litúrgia cristiana. Pierre Grimal al seu diccionari de mitologia grega i romana, n'explica orígens i confusions entre la d'Èritres i Samos, i la de Cumes que Virgili a l'*Eneida* fa fer de guia d'Eneas en la seva baixada als inferns. I encara Stephen Fry en un llibre deliciós, *Mites*, explica que Sibil·la i Apol·lo obtenien els seus poders oraculars d'uns vapors que sorgien de la terra.

Potser per tot plegat, per aquest llegat i perquè busquem algú que ens doni llum sobre el futur, la Sibil·la recupera presència. El cel farà voltes.

Cos i ànima

29 de desembre de 2012

Del calendari dels pagesos hem passat al calendari dels bombers. És clar que l'un té dibuixos i fa cent cinquanta anys que s'edita i l'altre té estampetes i és modern. I com a signe dels temps, el calendari dels bombers té una causa solidària, a més de finançar la seva participació als jocs de bombers i policies que aquest any es fan a Belfast. Són aquells jocs que es fan cas dos anys, i que quan es van fer a Nova York, van acabar en bronca pels insults dels policies espanyols mentre els catalans aixecaven un castell i onejaven una estelada. Això va passar el 2011; ara la policia espanyola també s'agafa com un joc això d'inventar-se proves, confidents i informes contra qui convingui.

Al calendari del pagès es diu quan és el temps de cada cosa, al dels bombers hi llueixen cos.

L'altre dia me'ls vaig trobar al Portal de l'Àngel de Barcelona. Venien calendaris i es deixaven retratar per dones enlluernades pels seus abdominals. Just en aquell moment un home de cames estrafetes demanava caritat, tot exhibint camalls amunt el seu defecte físic. Cossos perfectes i cossos imperfectes, uns i altres demanaven ajut econòmic. Els uns pel poder de l'atracció, l'altre pel rebuig. I és cert que la nostra mirada se sent incòmoda tant davant de la bellesa suprema com davant de la lletjor. Li he sentit dir a l'actriu Monica Bellucci, tota una *maggiorata*. És clar que, sigui pels calendaris sigui per arreplegar calers, tan aviat hem vist comerciants d'Horta, com mossos de Girona, o mosses de Lleida, diablesses de la Geltrú, com castelleres de Poble-sec, i aquest any mares d'una escola del País Valencià, que volen pagar l'autobús dels seus fills. Tots mig despullats. Per cert que, en un gest que honora el president Fabra, va optar per comprar un calendari, que li surt més baratet que pagar un autobús.

El culte al cos, aquest que exhibim als calendaris, ve de lluny. Fins al mes de juny es pot veure al Museu d'Arqueologia, a Barcelona, *Històries de tocador*, una exposició que repassa tècniques, creences i trucs de bellesa en l'antiguitat. Us en faríeu creus de constatar què feien fa dos mil anys homes i dones per resultar atractius! I això que no havien de sortir en cap calendari ni vendre cap causa amb el seu nu.

Vers de Nadal

30 de desembre de 2017

«Sento el fred de la nit i la simbomba fosca...». Els versos de Salvat-Papasseit sobre Nadal en què acaba fent plorar Jesús de tan pobres com som. Un clàssic que no perd força ni vigència. N'agafa més encara quan ens hi veiem reflectits i els versos fan surar les nostres misèries allà on pensem que hi ha certeses, allà on ens creiem en possessió de la veritat. Allí on ens aventurem a donar la lliçó magistral, allí hi ha la poesia que en quatre paraules aixeca un gest de rebel·lia. Filosofia i poesia caminen de bracet en l'exercici de pensar, de repensar continu que fem des que surt el sol. No només Bauman hi ha trobat camins coincidents, també és el cas de la filòsofa Marina Garcés, que manté que la poesia és la confiança de poder trobar almenys una paraula vertadera. És clar que tampoc cal endinsar-se, ara que són festes de Nadal, en aquests camins, ni buscar excuses per enfilar-se dalt de la cadira. A tothom li aniria molt bé de fer-ho. Exercir la memòria, explorar la millor veu, lluny de falsets, i declamar davant del nostre públic, sigui gran o reduït. Els àmbits de tots els àmbits. I deixar-se anar. Trencar l'ús habitual de la cadira i fer-la servir de tribuna, ara que totes estan sota sospita: aules, xarxes, balcons, llaços, avis i manifestos.

Algú us dirà que això és cosa de canalla, que feu el ridícul. Deixeu-vos endur per Papasseit, Foix, Garcés, Vinyoli, Ferrater, Margarit, Raspall, o per Sagarra si teniu un llarg de vanitat. O fins i tot per Basilisa Sanahuja, l'autora d'aquell simpàtic: «Tinc un pastor al pessebre que em té molt preocupat». Un poema que corre sovint com a anònim o popular, que va fer circular el *Patufet* dels anys setanta, però que ajuda tant com els altres al ritual. A l'exercici que deixem en mans dels més petits de casa, que se n'han après un a l'escola i que reciten en les trobades familiars d'aquestes festes. Penso en Joan Salvat-Papasseit, que té placa al carrer Argenteria de Barcelona, fent camí cap al moll de la Fusta, allà on era ple de trinxeraires. Hi penso ara que se'n va la policia embarcada, els que han aconseguit fer un malson de cops i porres. Aquest estat de setge. El fracàs de la poesia, el fracàs de les paraules, el fracàs del pensament.

Nassos

31 de desembre de 2011

És per nassos que arribarem al cap del carrer. Avui molts nens el buscaran i uns quants l'arribaran a veure. En la mitologia catalana l'home dels nassos es passeja avui per pobles i ciutats, i els més petits miraran de trobar aquest home que té tants nassos com dies l'any. El joc està fet només de dir-lo. I quan es vol trobat fit a fit aquesta fesomia imaginada amb tres-cents seixanta-cinc nassos, resulta que només en té un, perquè a l'any ja només li queda un dia. Per completar la broma els adults acostumen a dir a la canalla que tot just l'acaben de veure, i que corrin fins a la cantonada per atrapar-lo. A Barcelona es deia que arribava a les dotze a la plaça Palau davant de la Llotja, on es mocava amb grans llençols. I amb aquest desig de topar-se amb l'home dels nassos, a algunes ciutats i pobles l'home dels nassos arriba de debò, ja sigui com un capgròs, com a Tarragona, ja sigui a través d'algú que figura que l'és. Una cercavila, seguici musical i una pila de caramels completen la festa. I en algun lloc, com al meu poble, a Vila-seca (Tarragonès) fins es passen comptes acarnestoltats. I a Granollers premien l'Home dels Nassos, i a Palma, a les Illes, el *maten* coincidint amb la festa de l'Estandart en què es commemora la victòria de Jaume I sobre els sarraïns el 1229. És moment de repassar l'any, i aquests dies entre versos testamentaris de l'home dels nassos, cobles i garrofes als Pastorets, i versots dels diables, Urdangarin i Guardiola despunten com mai. Tot gràcies als seus excessos. L'un per mal, l'altre per bé. La mentida i la veritat, l'engany i l'honradesa ens ressituen l'almanac. És la lluita quotidiana de la història contra el mite, dels fets contra la ficció, i tot depèn del relat. Tot depèn de com s'explica. I a mi em sembla bé (o em sembla de nassos!) i segur que a Màrius Serra també, que gràcies al joc de paraules que acompanya aquest estrany visitant del 31 de desembre, els més petits s'iniciïn en l'enigmística. És un punt més del joc, de la il·lusió d'aquestes dates, que té el punt àlgid en l'arribada dels reis. I m'ha reconfortat conèixer els pressupostos reials. Certifico que els reis no són els pares. No amb aquests sous.

Sense fi

2 de gener de 2016

Cent anys de les primeres representacions d'*Els Pastorets* de Folch i Torres (1916), i encara som allà mateix. Hi som en plena convivència entre les versions més antigues com la de Serafí Pitarra (1901), les de Ramon Pàmies (1903) o Miquel Saurina (1887), o les més recents de Lluís Millà (1931) o Francesc d'A. Picas (1954), i encara tot un llistat de versions recents, actualitzades i locals. Una rècula de pastorets que exemplifiquen en el cicle ritual el seu enginy en la lluita contra l'engany i les temptacions més diabòliques. Textos hereus de les representacions medievals sobre el naixement de Jesús, en tres àmbits, cel, terra i infern, i que mobilitzen més de quatre mil persones entre actors i tècnics escampats arreu del país. Un espai guanyat a pols en la mitologia domèstica que aquest any té la competència de *Star Wars*, una nissaga llegendària que, a més, compta amb el pes de la indústria nord-americana que mira de fer l'espectacle universal. Encara no he acabat *El món, un escenari*, la nova aportació memorable del tàndem Jordi Balló-Xavier Pérez que ens presenta Shakespeare com el guionista invisible que ha anat deixant la seva petja de *Joc de trons* a *El cavall de Torí*, a Hitchcock, Godard, Almodovar o Sorkin.

«El món camina cap a una constant autorepresentació» defensen Balló-Pérez que profetitzava Shakespeare. De parts fosques, pares, bé i mal, i imperis ens en trobem a cada cantonada. És clar que una vegada més en la lluita d'exhibició desigual el 3D galàctic no parla català. Però la felicitat cadascú se la gradua com vol. I a mi em fa feliç aturar-me en els mots de Folch i Torres, en el «pleret», en el joc de paraules «No m'alabis que no m'agrada el sabó» o en l'«Aparteu les criatures» del valent Lluquet. Tan simple com això, lluny de la sofisticació dels androides que també es mouen entre terra, cel i infern. Una mica com l'escena política tant catalana com espanyola que també semblen tenir un guionista invisible entestat a identificar-nos en un relat sense fi.

Receptaris

3 de gener de 2015

Dies de festa a taula, de grans àpats, just quan el Banc dels Aliments, Càritas i tantes altres entitats reforcen les seves campanyes. Una paradoxa més d'aquests temps que basculen entre la pobresa i l'excés. Però és clar que el menjar, a més de primera via de subsistència, és una festa, i a Catalunya la tradició culinària situa la feina dels seus professionals com a capdavantera a Europa. L'editorial Barcino, que el 1979 ja havia editat el *Llibre de Sent Soví*, amb la feina de recerca de Rudolph Grewe, inicia amb el restaurant 7 Portes, el dels Porxos d'en Xifré, una col·lecció de receptaris històrics. El primer és el *Llibre de Sent Soví*, el receptari més antic conservat en llengua catalana; és de la primera meitat del segle XIV i va influir en d'altres llibres de cuina medievals i posteriors, com el *Llibre de coch*, del mestre Robert de Nola, del 1520, amb el qual rivalitza en fama, i el *Llibre d'aparellar de menjar* i el *Llibre dels potatges*. I encara, abans de tots aquests, Sent Soví inclòs, és anterior, del 1331, el *Llibre del coc de la Canonja* (Tarragonès). Per bé que, més que d'un receptari, en aquest cas hem de parlar dels menjars, les instruccions i els costums de capellans i frares a l'hora de menjar rostits, carns d'olla o verdures i llegums: cols, cigrons, carabasses, faves i espinacs, o freixures de porc i conill. La nova edició del Sent Soví ve acompanyada d'un seguit d'estudis que ens descobreixen què menjaven els catalans d'aquella època i quin lligam hi ha amb el present. La connexió amb la modernitat i els canvis socials baixmedievals són precisament en l'aparició dels receptaris de cuina, i Catalunya ja era en aquest corrent que va comportar mutacions alimentàries. Llegeixo al Sent Soví com farcir porcell o cabrit, o fer pastanagat o lletugat, i salto al llibre de tècniques per cuinar a casa de Joan Roca, i un i altre em situen davant dels fogons, davant la unitat del traç de la festa del menjar. Davant aquesta potència capdavantera que seguim tenint.

Logística

6 de gener de 2019

L'any ha arrencat fort de logística. Aquesta diada de Reis d'avui en deu ser el màxim exponent de la seva fortalesa. Una de les principals mostres, sinó la màxima, de peticions que han de ser ateses per una data concreta. I de fa anys que es compleix, però de ben segur que aquells que busquen una sortida laboral directa quan acaben la seva formació, haurien de pensar en estudiar logística. Parlo des de la ignorància, però si no s'estudia, segur que està estudiat.

Perquè els actuals hàbits de consum van lligats a aquesta habilitat de fer-te arribar les compres a casa, gairebé més ràpid que si vas tu directament a lloc a buscar-les.

Els Reis Mags de l'Orient ja fa anys que han anat obrint camí. Logística per fer arribar els paquets a casa. A banda de la complicació de fer arribar els regals a tots els nens i nenes, hi ha algun cas de distribució a cavall, com passa per exemple al meu poble, a Vila-seca, que encara hi afegeixen un grau més de dificultat. Quan veus tota aquella estesa de paquets que s'acumulen als camions, mentre els reis adrecen quatre paraules als que els han anat a veure al Castell, o a les cavalcades simultànies que hi ha arreu del país, penses que hi ha alguna mena de miracle o alguna mena de ciència logística que forçosament s'ha d'estudiar.

Però al costat d'aquesta distribució màgica n'hi ha una altra que darrerament ho ha capgirat tot. La irrupció del gegant Amazon, sense desmerèixer totes les empreses de missatgeria que van fer trontollar el monopoli de correus, que tenia el contrapunt més humil dels transportistes.

Les noves tecnologies ho han capgirat com un mitjó, fins a somoure les bases de l'activitat comercial com la teníem entesa quan de debò marcaven els perfils de cada ciutat i poble. Aquells comerços i botigues, i aquella manera de vendre, amb assessorament i confiança, que han quedat arraconats, entre franquícies i vendes per internet. La botiga oberta vint-i-quatre hores que ofereix la xarxa només la contraprogramen els supermercats regentats per catalans d'origen paquistanès. I la venda assessorada ha passat a millor vida. A vegades tens la impressió que els compradors només passen per les botigues a emprovar-se allò que han vist al seu mòbil o a alguna web, i que als centres comercials els venedors només vigilin els pispes. Aquests dies de Nadal semblava que Amazon hagués frenat l'anada de la gent a les botigues. Ho compren a cop de mòbil, t'ho duen a casa, i si no et convenç, tens marge per tornar-ho i que t'ho canviïn sense massa complicacions. La sobredemanda feia que el gegant advertís els seus clients que no arribarien a temps per reis en segons quins productes, com per exemple el Monopoly del Fortnite. Els fabricants de patinets elèctrics, en canvi, sembla que han sigut més diligents, i han sigut dels més venuts aquest any.

Però Amazon no només fa la distribució, sinó que també fa la venda, i ha aconseguit que certs productors, com és el cas d'algunes petites bodegues, per posar casos del territori, es vinculin a aquesta fórmula de venda per arribar a tot el planeta.

I després, quan estàs escarxofat al sofà davant la televisió, encara et trobes que Amazon distribueix sèries i pel·lícules a través del seu propi canal. Qui hi pot competir amb això?

Com hem canviat? Quina redistribució de temps hem fet? La xarxa ens permet relacionar-nos amb aquells que ni coneixem i ens distancia del contacte que anava associat a certes activitats com la del comerç. Ens acaba tancant més en el nostre cercle? Ens el tanca, per comptes d'obrir les barreres del món?

L'escarola frisant

8 de gener de 2022

Friso per l'escarola. Ja sabeu de la meva dèria pel paladar i vist que aquests dies hem anat com la vaca cega topant, no amb soques, sinó amb taules nadalenques i festives però afectades per la contenció pandèmica, carregades de dolços en excés, celebro aquest fred que tant li escau a l'escarola. I a més, el seu gust amargant em genera un efecte vivificador, com de neteja del cos i de retrobar el cicle de l'any a taula.

És cert que en aquesta cerca de les comoditats del gust, i de la llei del mínim esforç, a moltes cases impera la quarta gamma i el menjar precuinat, i hi ha plats i hàbits culinaris arraconats. Plats que si no grates en la memòria de la infantesa, o repasses *La Teca* o el corpus de la cuina catalana, només et trobaràs en festes de producte: el cas de l'escarola a les de la xatonada, o passa també amb la galera, els fideus, la carxofa o el mandongo.

Però festes a banda, és que ja ni masteguem res massa dur ni mengem massa picant ni potser tampoc massa amargant, tret que no ens vingui associat a alguna moda gastronòmica del que abans de la globalització n'hauríem dit exòtica. El pèndol del gust acaba presentant com a exòtic un bon plat d'escarola amb romesco. I mira que, amb tot l'amor, he anat fent rebost: avellanes i ametlles torrades, l'all, el pebrot de romesco, i posats a fer unes olives, tonyina i bacallà esqueixat perquè l'escarola brilli acompanyada. Aquesta blancor, aquest cruixent, aquesta mena de barba del rei Melcior al plat, aquestes onades vegetals que el romesco acaba aplacant, són una estampa que el meu paladar busca amb tic pavlovià. L'any 2022 comença a caminar i l'escarola salta polèmiques de tota mena i condició: de la carn de vedella a la llibertat d'expressió, del diàleg al finançament. L'escarola arriba amb el fred i la seva amarga vanitat ens netejarà les contradiccions. Frisant.

El regust de la carxofa

9 de gener de 2011

Res no és el que sembla. Poca broma amb el paladar, que és un àmbit, com tants d'altres, on al final acaba pesant la impressió final. Parlo de nyàmeres, que bullides tenen gust de carxofa però textura de patata. No en debades se la coneix també com pataca o patata de canya. És un tubercle de la família del gira-sol, però el seu aspecte és semblant al de les arrels d'un canyar i es pot confondre a primer cop d'ull amb el gingebre.

El cas és que pels volts de Reis, que és el dia d'aquestes festes, en què convido a dinar a casa la família, i anant a la parada del Petràs de la Boqueria a buscar rossinyols i camagrocs, el cuiner Carles Gaig, que també comprava a la parada amb l'Isidre Gironès, em va suggerir que els fes una crema de nyàmeres. Un entrant que no deixaria de sorprendre, amb aquest exercici de *trompe l'oeil*, o per ser precisos, d'enganyar la gola, i que contrastaria amb el gall de Sant Pere, de cal Just i el pollastre de cal Sendra, de Reus. Un joc més per una diada de Reis. El primer sorprès vaig ser jo mateix, que desconeixia aquest producte que ve de les Amèriques, i que es veu que al segle XVIII era de consum corrent arreu de la península. En castellà se'n diu *tupinambo* i en anglès, *Jerusalem artichoke*.

El Petràs pare, que ha sabut difondre la seva passió com el primer caçador de bolets, s'ha jubilat. Deixa el negoci als fills. Se m'acut que avui també es jubila Martí Anglada, l'ara corresponsal de TV3 a Brussel·les. Un periodista que n'ha vist de tots colors i que ens ha explicat la vida des del Líban, Israel, Roma, Londres, Washington. A qui deixa el seu llegat, la seva experiència, un corresponsal quan es jubila? El caçador de notícies? Ves a saber si en el seu pas per Jerusalem havia tastat aquesta estranya «carxofa»: la nyàmera.

Martí Anglada no pot enganyar, la seva credibilitat, la seva versemblança, s'alimenta de certeses. És clar que la seva personalitat ens ha posat a taula el joc de la informació, on també el gust de la carxofa agafa formes diferents.

Somnàmbuls

10 de gener de 2015

Quan el president francès Raymond Poincaré va rebre, el 28 de juny del 1914, un telegrama que li anunciava l'assassinat de l'arxiduc Francesc Ferran i de la seva dona, Sofia Chotek, a Sarajevo, el van enxampar a l'hipòdrom, i l'home es va esperar que s'acabés l'última cursa. És clar que l'emperador Guillem era de viatge de plaer al seu iot i el príncep Alfons Clary-Aldringen caçava als boscos de Bohèmia. Les elits no comptaven que Gavrilo Princip disparés aquell dia i a aquella hora els trets mortals que van suposar la tercera guerra dels Balcans i la primera guerra europea. Eren altres temps. L'Europa de començament del segle XX, la dels grans imperis, estava dominada per grans dosis de militarisme. Els dirigents, emperadors i reis anaven als actes oficials vestits de militar, tot eren revistes, desfilades i les despeses militars suposaven una bona picossada. Al costat d'això, la vella diplomàcia era opaca i funcionava amb promeses i acords bilaterals secrets.

Christopher Clark ha escrit un dels bons llibres de l'any que deixem enrere, *Somnàmbuls*, en què explica com Europa va anar a la guerra el 1914. Somnàmbuls els protagonistes del llibre, farcit de documents i detalls que poden semblar trivials, com ara que el cap de l'estat major austríac Hótzendorf estava més pendent d'un amor, entre els anys 1907 i 1914, que no pas de la informació política i militar que s'acumulava al seu despatx.

La primera guerra encara no té una causa clara; segons Clark, els seus actors eren somnàmbuls, vigilants però cecs «Inconscients davant la realitat de l'horror que eren a punt de dur al món». No acabaven d'entendre el que hi havia en joc. Amb la guerra passada, cada estat va explicar la història com va voler, cadascú es va justificar i es va espolsar la responsabilitat. I tot plegat semblava inversemblant. És el mateix que segueix passant al segle XXI, en què les incerteses i els vertígens tenen ara suports digitals i nova tecnologia, però la barbàrie dels trets té el mateix regust somnàmbul.

Residuals

11 de gener de 2014

El magnetisme que té un camió de bombers o una ambulància de joguina per a un nen es va mantenint de nit de Reis a nit de Reis. És clar que un cotxe de policia tampoc es queda enrere, ni tot l'estol imaginable de camions. El d'escombraries inclòs. Des de no fa massa anys la canalla juga amb un joc que reprodueix escombraries de tota mena. És el *Trash Pack*, que permet col·leccionar més d'un centenar de petits ninots de goma, sofàs trencats, televisors espatllats, diaris amuntegats i també fruita passada i altres restes orgàniques. I a més de les deixalles i el camió, també hi ha l'abocador i plantes de reciclatge. Al marge de rates i paneroles, la possibilitat de jugar amb tot allò que la societat de consum necessita anar renovant perquè no s'aturi la roda de producció, acaba sensibilitzant. Ja tenim el reforç mediàtic, els anuncis perquè des de petits aprenguem a separar bé, les de l'envàs on vas. La cantarella de The Mamzelles ha donat pas a un joc d'infants. I encara que pugui semblar simple, i que hàgim avançat molt en això de la recollida classificada, encara hi ha marge per conscienciar que, o tenim cura del planeta o el destrossem en dos dies.

L'home és el principal destructor de l'entorn. Ara, com si

fos un joc d'infants, circula la hipòtesi que els residus de les armes químiques de la guerra de Síria poden acabar a Catalunya, a Constantí, on hi ha una empresa que hi aspira. És clar que en el joc d'aliances els alemanys i els belgues també han fet un pas endavant. Sembla que Obama li ho pot haver demanat a un Rajoy que té com a fita que el rebin a la Casa Blanca. I aquest podria ser un preu per bé que La Moncloa insisteix que ja ha deixat clar que no els vol. Ara que un documental sobre les fotografies de Robert Capa recorda els setanta-cinc anys de l'èxode de la Guerra Civil a Tarragona, es podria acabar acollint les deixalles tòxiques de la de Síria. Ja cal que aquests fabricants de joguines inspirades en deixalles en facin una gamma que reprodueixi els residus bèl·lics. Tot sigui perquè la consciència contra la guerra no sigui residual.

Llum estimulant

11 de gener de 2020

Per què enretirar els llums de Nadal, si els posen a l'avançada per estimular el comerç? És que no interessa que ara que els preus són rebaixats tinguem present que hi ha botigues? O és que els llums amb forma de boles, o amb estels, o amb aquests frases de DING DONG o XIN XIN que pengen a la Gran Via de Barcelona només fan l'estímul de Pavlov si és per reclams i efectes nadalencs? El tió i els Reis fan la pinça, i espremen les butxaques amb regals a dojo. Però passades aquestes fites, amb la represa de curs, temps enrere eren les rebaixes que ens feien avançar d'esma fins a Carnaval. És clar que Sant Antoni Abat, que també té tortell vinculat (no podem perdre la vinculació pastissera a cada festa!), també és, amb els tres tombs, una altre vestigi que el calendari s'arrossega o que pot anar a galop. Els cavalls i altres bèsties de càrrega ocuparan carrers i marcaran la ruta circular que mira de ressituar-nos.

Busco aquests referents com qui busca les parets d'un passadís mentre avança a les palpentes. Com qui mira d'evitar una caiguda. Per cert, que seguint la teoria d'Antoni Marí que diu que els llibres et venen a buscar, dies enrere l'atzar ha fet rondar *La caiguda* d'Albert Camus per la meva taula. I voleu creure que ara que vaig anar al teatre Romea a veure l'excels Pere Arquillué amb la feinada que desplegava a *Jerusalem*, just a la butaca del costat hi tenia Francesc Orella, que recordo per aquella magnífica versió monologada del text de Camus que va representar ja fa uns anys?

Tornant a la llum, per què no esperar a treure els llums de Nadal dels nostres carrers quan toqui desmuntar els pessebres de casa, que encara tenen una mica de coll? Potser així sabrem si l'estímul funciona més enllà del que toca. És clar que l'any ha començat desbocat amb la investidura de Pedro Sánchez que no ha tingut en compte la conciliació familiar i laboral dels diputats i diputades, i que aquest diumenge tampoc deixarà descansar el rei. Semblava com si hi hagués llums de Nadal dins l'hemicicle que els hagués esperitat, estimulat. Això o evitar la caiguda, perquè com deia Camus: «Què ens importa humiliar el nostre esperit si d'aquesta manera aconseguim dominar tothom?».

El sentit de la vida

14 de gener de 2012

Amor i felicitat, i no necessàriament aparellats. És més, moltes vegades aquests dos conceptes, que poden ser els dos grans candidats a la pregunta de quin sentit té la vida, estan tràgicament en conflicte. Hi ha reflexionat abastament el crític literari britànic Terry Eagleton, fins al punt de dedicar-hi tot un llibre, *The Meaning of Life*, on sosté que el sentit de la vida és una orquestra de jazz. La felicitat vam estar a punt de tenir-la al preàmbul de l'Estatut, assumint l'esperit de Francesc Pujols. És veritat que si a l'Estatut no hi tenim ni felicitat ni amor ni sentit de la vida per tant, en canvi sí que fem una aposta per construir un ordre mundial pacífic i just. I això els catalans ho aconseguirem sense ambaixades ni exèrcit. És clar que ja veieu que els soldats sempre te'n poden fer passar alguna de galdosa. Es pixen, vexen o torturen els seus enemics. La tensió se la treuen a base de videojocs de guerra, i així acaben amb actituds deplorables. Com Toni Cantó i els seus míssils. Si llegissin Schopenhauer adquiririen l'art de fer-se respectar i agafarien una dosi de tristesa de pensament.

El sentit de la vida també l'han explorat els Monty Python o el físic Stephen Hawking que es pregunta: per què l'univers s'ha pres la molèstia d'existir? Irònic tot plegat. El desig de progrés continu i de millorar a cada passa també ens marca un sentit vital. Però aquests temps són de regressió. Mirem enrere. Tornem al *Pa negre*, tornem al blanc i negre amb *The artist.* I aquestes mirades enrere són la metàfora del present. Són mirades de premi, mirades d'Oscar.

En l'època del 3D, cine mut i llenguatge i efectes de calidoscopi. En l'època del pa a les benzineres, pa negre, amb Vargas Llosa de fan, qui ens ho havia de dir. La metàfora de la revisió. El sentit de la vida, tot i la voluntat del progrés imparable, deu ser, doncs, en tornar a començar de nou cada dia i superar de tant en tant una sotragada de les que fan època. Acabar buscant una il·lusió redemptora i reconfortant, una orquestra de jazz o un Barça-Madrid.

Fred i calor

14 de gener de 2017

Sempre acabo posant Sant Sebastià (20 de gener) dins la setmana dels barbuts. I no. Són tres sants: Sant Pau ermità que se celebra demà, Sant Antoni Abat, el 17, i Sant Maür, el 18. Pels pèls. Més ben dit pels pèls que no hi entra perquè a Sant Sebastià màrtir, que sembla que era un soldat de l'emperador Dioclecià que es va convertir al cristianisme, l'hem vist representat amb el cos ple de fletxes, jove i sense barba. No entra, doncs, dins la setmana dels hipsters que n'haurem de dir ara que els referents del santoral que més il·luminen la societat són els de Sant Eustaqui. Fugint de les banyes del cérvol que corona la seva iconografia, ja en són més els que es casen pel civil que per la via catòlica. Potser poso Sant Sebastià dins la setmana dels barbuts per simpatia. Perquè soc de Vila-seca, que té la festa major d'hivern per Sant Antoni, i els del poble del costat, la Canonja, tenen de patró Sant Sebastià.

Per cert, no us perdeu el nostre acte festiu més singular (amb respecte dels diacrítics), el Cós de Sant Antoni: les curses de cavalls que són centenàries, i que aquest any es correran demà. Farà fred perquè com diu l'experiència, la mateixa que donarà títol a qui no en té, la setmana dels barbuts és la més freda de l'any. I aquest 2017 homes i dones del temps aventuren que les temperatures s'arrossegaran fins a nivells als que no estem habituats. Fred polar, com l'onada que ha anat escampant la mort arreu d'Europa. Preparem-nos que això serà un infern, i sense l'escalfor de les calderes de Pere Botero.

El fred que assota Europa, que afecta a pobres energètics i refugiats del drama de la guerra i la misèria. Acollits en condicions miserables. El fred i la calor que amb això del canvi climàtic van a batzegades. Han perdut regularitat. Tot i que, tal com evolucionem, ja sigui en relacions personals o col·lectivament, ja fa massa temps que el fred s'ha apoderat de nosaltres. La societat líquida que diria Zygmunt Bauman ens ha glaçat el cor.

Qüestió de centímetres

16 de gener de 2011

Lair Ribeiro, un metge brasiler establert als Estats Units, va ser un dels pioners en això de buscar la recepta de l'èxit. En un dels seus llibres diu que l'èxit es mesura en centímetres i, en una mostra de gust exquisit, ho il·lustra amb dos caps de cavall que creuen una meta. El que passa primer guanya quinze mil dòlars i el segon, cinc-mil. I això que la diferència que els separa és mínima. No vol dir que el primer sigui tres vegades més ràpid que el segon, ens aclareix el doctor Ribeiro, però aquesta mínima separació és la diferència que marca la diferència. Com en unes primàries vaja.

Entenc aquest home perquè soc de Vila-seca, un dels patrons és Sant Antoni Abat, aquest diumenge tenim Cós, curses de cavalls, i a més una de les últimes decisions de l'anterior govern va ser declarar-les un «element festiu tradicional d'interès nacional». Per tant, he crescut veient arribar cavalls a la meta, l'oncle Joan donant la sortida, i fins i tot corrent el meu germà Pep. És clar que aquestes curses que daten del 1800 han canviat molt. Sembla que van néixer com una disputa entre dos vinaters francesos establerts a la vila: Barrau i Planchon, i l'any següent la cursa ja va ser entre genets locals. I en l'apartat de premis, s'ha passat de donar un xai pel guanyador i un rastre d'alls pel perdedors, a una picossada d'euros així que les curses s'han professionalitzat. Encara ressona a les meves oïdes com una botzina el nom de Claudio Carudel, un dels millors genets de la història, recollint premis al circuit Vila-seca any rere any. I és que el Cós que es disputa avui, a manca d'un hipòdrom, ha esdevingut la gran trobada hípica de Catalunya, a més de la de La Sènia i Ascó. De fet, a més de propietaris, genets, aficionats i cavalls, a Vila-seca hi haurà representants municipals de Bàscara i Subirats, que parlaran amb la Societat de Cria Cavallar, de les seves opcions a acollir en un futur aquest hipòdrom. I com en una cursa, la diferència pot ser cosa de centímetres, o més ben dit d'hectàrees.

Calfred

16 de gener de 2016

Sant Antoni infal·lible ens porta el fred, fins al punt que sembla que se l'hagi volgut quedar tot ell perquè als Tres Tombs arreu del país, i al Cós, a les curses de cavalls centenàries que es fan demà al meu poble, a Vila-seca, la gent pugui lluir gorres i barrets com anys enrere. És clar que ara la tendència per protegir-se de les baixes temperatures en moda femenina és posar-se la manta al coll.

El fred arriba com si algú hagués obert una porta de manera sobtada. Una porta subterrània. La literatura de ficció estableix portes secretes, ciutats submergides i també utopies sota terra. Hi ha un món soterrat, com el que buscava Juli Verne al seu *Viatge al centre de la Terra*? Els volcans són portes secretes, passadissos que ens porten fins a un interior habitable. El mite, la imaginació i la baralla amb la ciència. El regne d'Agartha, que, segons la tradició mística oriental, estaria governat pel Rei Ocult del Món, o la teoria de la «terra buida» segons la qual hi ha tot un seguit de túnels i coves interconnectats a tot el planeta. Què hi ha sota el terra que trepitgem? Penso en el carrer de les Creus, allà on vaig néixer, que aquesta setmana ha estat escenari fatal d'un crim i posterior suïcidi, en el clàssic «com que t'estimo, t'abonyego», l'home que mata la «seva» dona. Què hi ha sota el terra que trepitgem, què hi ha al cap de qui comet una mort semblant? Potser també hi ha un «món buit» damunt del planeta: una terra eixorca, com la de T. S. Elliot, R. M. Rilke o Agustí Bartra. En aquest carrer hi ha hagut sang, mort. I el fred farà que glaci. Aquesta porta oberta que fa que se'ns glaci l'espinada. Insistim a buscar mons millors, ja sigui sota terra o en un país nou com el que es proposa el sobtat i flamant president Carles Puigdemont. Grans projectes, utopies, reis ocults, mirar d'obrir portes, i al costat d'això ens entestem a crear l'infern, a aturar el temps i la vida com si en fóssim amos. Que vingui el fred de Sant Antoni i s'endugui el dimoni, com un cavall esperitat.

Tortells

18 de gener de 2014

El tortell torna a presidir la taula. És clar que no amb la força del tortell de Reis. La festa major d'hivern de Catalunya, la festivitat de Sant Antoni Abat, també porta associada una rúbrica llaminera semblant. Brioix farcit de massapà, fruita confitada que engalana una superfície brillant, com aquells culs d'ampolla, vidres punxeguts cimentats a parets, com a sistema de protecció d'horts i corrals. I la sorpresa: la figura d'un porquet, el que acompanya aquest sant barbut. Un rei sense corona. No és el cim del dolç, però aquest tortell m'agrada pel que comporta de festa ritual al calendari. El tortell fa d'amortidor dels antigripals, coixí per a tot aquest adob mèdic de nassos carregats, d'aquesta tos que ressona a teatres i cines *low cost*, ara que té la categoria d'epidèmia.

Ens dona una dolça visió circular, orbital, segons la traça del pastisser. Com la dels tres tombs que van girant per pobles i ciutats amb la corrua de carros, animals, sàrries i albardes, collars carregats de cascavells. Càrregues impossibles, sacs i paques de palla que han desaparegut en gran manera dels centres ciutadans. Hem expulsat els traginers que ara circulen per eixos, autovies i autopistes.

El cercle que et situa com en els tres tombs en el punt d'arrencada, com ha deixat aquesta setmana el president del Banc Central Europeu, Jean-Claude Trichet, l'expresident Zapatero. El dels sis-cents dies de vertigen va reproduir una carta del president del Banc Central Europeu, que du la remarca d'estrictament confidencial, al seu llibre de memòries. I ara el banquer diu que no la hi ha enviada mai. O com els tres tombs amorosos del president François Hollande, que el situen per tercer cop en punt d'inici. El camí rodat que ha fet tornar a casa Àngel Ros, per un sí o per un no. El moviment circular, si agafa velocitat, també esdevé espiral i permet enlairar-se. I aquí som, aquest és el dilema, ara que els carrers s'omplen de cavalls, el del fre o el dels esperons.

Seguir aquí

19 de gener de 2013

Quan s'acaba la cerimònia del darrer adeu, la gent s'escampa a buscar els seus cotxes. Cada vegada que la mort passa a prop, surto del tanatori amb ganes d'agafar de nou l'agulla enfilada, i disposat a acabar d'embastar una bata. Com en una estranya dansa del desconsol, tots sortim de cop, saltem al volant, assaltem els cotxes dels amics, busquem taxis, caminem apressats, allunyant-nos. Fugim estamordits. Em passa pel cap una i altra vegada aquesta imatge. Com la de l'explosió d'una granada. Les persones som metralla que salta pels aires. La gent fuig.

Comprimits primer. Encongits. Arraulits en les nostres pors. Buscant recer i escalf en el tacte, quan les paraules ja no ens serveixen i només som capaços de deixar anar fórmules gastades, crosses d'acompanyament.

Les litúrgies, els cants dels adeus, els perfils, recordatoris, cançons, versos, aplaudiments, silencis, anècdotes, lloances, plors i rialles, flors, ens ressituen. Serveixen per acomiadar-nos i per descobrir aspectes nous d'aquella persona que s'ha mort, però també serveixen per coneixe'ns a nosaltres, dels que seguim vivint, dels que anem fent camí, recosint botons.

Ignorants de les vides dels altres, de les mirades dels altres. Traïdors de massa prudents a l'hora de relacionar-nos, els estalvis es mengen les estovalles. Em va sobtar llegir a les esqueles dels diaris del Canadà la fórmula *au lieux de fleurs* (enlloc de flors) feu un donatiu a l'ONG on col·laborava qui acaba de morir.

Amb mà tremolosa agafem l'agulla i el didal i seguim cosint allà on ens havíem quedat. La mort ho descavalca tot. I al mateix temps, té poder de convocatòria, ens altera els plans, ens atura, ens aplega, fem pinya, i just després del darrer adeu, correm com les formigues extraviades per un nen esguerracamins.

Gairebé tots, de petits, hem comès aquesta bretolada. Amb un bastó hem trencat les carreteres i autopistes de les formigues que surten esperitades. I si ens veiéssim de dalt estant, les corredisses fora del tanatori, som com formigues que corren a reconnectar-se amb la vida. De la immersió en el dolor d'amics i parents a qui hem volgut acompanyar, passem al desig d'afermar-nos a la terra. Vomitats per aquesta porta giratòria que no va de públic a privat, sinó de mort a viu.

Geografia variable

21 de gener de 2012

M'agrada. Compartir. M'agrada compartir Catalunya. Amb aquest llenguatge de Facebook Catalunya es ven a Fitur, una de les fires turístiques més importants del món, que es fa al Campo de las Naciones, el recinte firal de Madrid. I com que el món es fa cada vegada més petit, aquest any hi ha hagut menys expositors. I com que Catalunya també és un país petit, s'ha presentat amb un trenta per cent menys de metres quadrats d'exposició. En aquest tipus de fira els visitants es transformen per uns dies en drapaires vocacionals i acumulen opuscles i destinacions de colors. Carregats fins a l'aixella, amb bosses i papers, globus i caramels, adhesius i samarretes. Després, a casa, se'ls miraran tots i somiaran la seva escapada impossible.

Ho fa possible un espai on tot és mostrador. On saltar del Brasil a Noruega, dels EUA a Israel, és una passejada. On a còpia d'estands i promocions també han fet el seu trajecte imparable, arreplegant papers a tort i a dret, il·lustres com el *Bigotes* o l'Urdangarin. On Andalusia aboca tot el seu reclam ocupant ella sola un pavelló de set mil metres quadrats, un set per cent més gran que el d'altres anys. Pel que es veu, als responsables turístics andalusos no els agrada tant la idea de compartir el seu espai expositiu. Catalunya, en canvi, fa frontera amb Extremadura, Navarra, l'Aragó i les Illes. I és que a Fitur el que es variable no és la geometria sinó la geografia.

I ja va deixar escrit Artur Bladé Desumvila, recollint els pensaments del xocant pensador Francesc Pujols, que «No hi ha res que pugui passar la mà per la cara a la geografia». Tot just aquesta setmana s'ha presentat a Barcelona el volum onze de l'obra completa de Bladé Desumvila, aquest excels cronista de l'exili i de la seva terra natal (Benissanet), i biògraf, que recull la *Geografia espiritual de Catalunya*, i *Francesc Pujols per ell mateix*. Al final Fitur és una guerra de marques i, ara que Espanya rearma la seva, hem de saber que per molt que ens vulguin arrasar, ficar el dit a l'ull o trepitjar la mà, l'ànima i la geografia catalana sempre restaran. Ho deia Pujols. Sempre ens podrem firar.

Nostàlgia

24 de gener de 2015

A l'Iphone hi tinc una foto de Feliu Formosa recitant a l'escenari del Romea. I una altra de Lídia Pujol cantant amb Toti Soler a la guitarra. Són «Moments» del 27 de maig de 2013, així ho classifica el telèfon, intel·ligent com és. Les fotografies són de l'homenatge que la comunitat educativa, amb l'ara querellada Irene Rigau presidint l'acte, li va dedicar a Salvador Espriu aquell dia. Era la torna de la carta d'Espriu als mestres del 1981, per la Rosa Sensat. Aquella on els demanava que no defallissin en la tasca de modelar els ciutadans, i on apostava per uns nens i nenes «Honestos, oberts al diàleg, no fanàtics, no dogmàtics», i on també denunciava l'estúpida amenaça a la nostra cultura i llengua en temps moderns. Formosa va recitar el 2013 i el 1981. Em va fer gràcia retratar-lo perquè, de més jove, jo havia representat les *Tafalitats*, peces de cabaret de Karl Valentin que ell havia traduït de l'alemany. Entre d'altres girs es va empescar un joc amb les diferents maneres d'escriure Canyemeres, amb «ny» o «ñ», i «a» i «e» a discreció (un cognom vinculat al seu Sabadell), o el nom del medicament que frenarà l'epidèmia de grip de cada any: Isopropilprofenilprofenilaminapirazolon. Són altres moments que em venen al cap encara que no m'ho digui el telèfon mòbil, que en aquella època no existia. Ara Feliu Formosa ha escrit *Sense nostàlgia*, una història d'infantesa i adolescència. Entre els moments que recorda hi ha un capítol dedicat a l'etapa escolar al col·legi de La Inmaculada, dels *Hermanos Maristes*, on li feien memoritzar textos d'història sagrada o d'Espanya, que per a alguns ve a ser el mateix. De Catalunya, ni una paraula. En aquell temps va llegir *El libro de España*, un viatge d'un nen per un seguit de províncies espanyoles després de la *Liberación Nacional.* Deu ser d'aquí d'on el ministre Wert treu la inspiració. Deu ser d'aquí d'on rescaten els pares que volen cobrar la bicoca del castellà que els promet el ministre en l'enèsima fórmula d'atac que ja preveia Espriu.

Quicos

25 de gener de 2014

De les allabances i dels malparlats, i dels maltequiero que Déu mos ne guard. La saviesa popular fonamentada en l'experiència ha anat acumulant tècniques de supervivència. D'aquí que tant la lloança, l'adulació pot arribar a fer tant de mal com qui renega o qui enverina el seu llenguatge.

Aquesta sentència que ha passat de generació en generació a les Terres de l'Ebre, és una de les tornades de la cèlebre jota *De Roquetes vinc.* La més popular, coneguda de sempre, més enllà de l'Ebre. Joan Amades es va passejar als anys cinquanta per tot el país compilant hàbits i usos de tota mena i condició, feines i cançons, festes i bestiaris.

Se m'acut, potser perquè encara tenim recent la collita de l'oli i el debat de les setrilleres, que Amades detallava fins i tot un tipus de tamboret de tres potes i seient tou i còncau perquè el cos s'hi ajustés ben bé en seure. Només servien en temps de collita i els utilitzaven només els collidors, i recull Amades: «Era molt mal vist i desconsiderat que en qualsevol altre moment els homes seguessin en tamboret i les dones en cadira».

Les plegadores d'olives tenen cadira i tenen cançó. «Les plegadores d'olives, diuen que no beuen vi, però baix de l'olivera lo guarden en un tupí». Quico el Celio, el Noi i el Mut de Ferreries la van recuperar i l'han difosa en aquests vint anys de trajectòria que han complert.

I justament ara aquest grup musical, que lideren Arturo Gaya, Quique Pedret i Jordi Fusté, acaba de rebre el Premi Joan Amades 2013, per la seva tasca de difusió de la cultura popular.

Una feina encomiable i en doble direcció: de recuperació i creació musical, de recuperació de l'autoestima de la gent de les Terres de l'Ebre i de compromís amb les seves causes i lluites.

La música, que és efímera, també té alguna cosa de permanent. I ho té gràcies a feines com les dels *Quicos* que ens ajuden a ressituar en el mapa, eixamplar mirades, parles i sons: les que es cantaven i que es cantaran.

Desfets

25 de gener de 2020

Una tonyina fora de l'aigua a l'Ampolla, esmussada, tallada per qui en vulgui aprofitar, com qui arreplega la fruita que cau al mig d'un camí. Em quedo amb aquesta imatge i acció i m'imagino la força i violència, l'embat de les onades com per fer saltar pels aires una tonyina de pes, maca i preuada. Enlairada com un surfista fins anar a caure al mig del passeig de l'Ampolla, porta esberlada del delta de l'Ebre. Em fa mal sentir l'impacte del túnid sobre la vorera. Aquella expressió que fem anar quan algú va descabellat, engiponat: sembla que la mar t'hagi tret. És això, la mar aquests dies ha tret i s'ha engolit. I al costat d'això, aquells que se n'han endut un bon tall a casa, com qui fa musclos de roca. Un exercici de supervivència, a base de la cuina dels marges, qui fa bolets o espàrrecs també deu poder fer un tall de tonyina esventrada pel temporal Glòria. Viure i morir. L'estampa de la mort de les persones que no la podem deslligar d'aquest fenomen meteorològic, lamentablement i per molt que es demani precaució i que la gent es quedi a casa. Sempre hi acabava havent la fatalitat sumada a la temeritat, el creure que a mi no em passarà.

La tonyina no devia entendre res. Nosaltres tampoc. Ens

ho expliquen de sud a nord, la devastació ha creuat el país, desfigurat el delta de l'Ebre, desbordant la conca del Ter, fent córrer la Tordera com no havíem vist en els darrers setanta anys. Ves a saber com quedarà tot, si a més de pesca i conreus, d'infraestructures, també el paisatge que ens fa créixer ha quedat tocat de mort. L'historiador alemany Philipp Blom que sempre busca camins prou suggerents per explicar el passat, ha buscat per titular el seu darrer llibre l'expressió «l'amotinament de la natura», i ens recorda que durant un segle i mig, entre el 1570 i el 1700, les temperatures van fer via avall fins a glaçar les aigües d'alguns ports de la Mediterrània, i les aus es congelaven en ple vol. Aquella alteració sobtada del clima va comportar conreus assolats, fam, migracions. Europa es va transformar també el pensament occidental va deixar de creure en càstigs divins i va sorgir la Il·lustració. Potser som en l'inici d'una crisis semblant. Cap on anirà el pensament?

La transició

30 de gener de 2016

La transició avança a bon pas. Als pins ja no hi pengen boles de colors llampants, ja hi ha bosses d'erugues. Bosses de processionària, que com que no fa fred, s'escampen de manera descontrolada. De set-centes mil hectàrees de bosc, a Catalunya, cent mil estan afectades, i en certes zones el boom de la processionària és un problema de salut pública.

Amb l'arbre desguarnit, és hora de desmuntar el pessebre perquè dimarts serem a la Candelera, festa que tanca el cicle festiu nadalenc. Una festa de presentació de Jesús al temple i purificació de Maria, calcada a la litúrgia cristiana de la que feien grecs i romans que anaven en processó fins als cementiris amb petites espelmes beneïdes per guiar les ànimes dels morts. Tot són processons i de fet empalmarem amb la rua del Carnaval avançat, que n'és una altra. Avançat pel calendari de Pasqua. Per bé que ja fa molts anys que el dia a dia és molt més carnavalesc que la festa estricta. La disfressa, l'engany són norma. Amb tot, la transició avança. Avança en moltes direccions. Pere Portabella que és a punt d'estrenar el seu segon *Informe General*, retrata l'actual moment com una reedició del canvi que va suposar la transició del franquisme a la democràcia. Dels canvis en l'art a l'esgotament del model polític del 78, fins a dues fortes transicions, la que ha suposat el 15-M per l'esquerra, amb l'aparició de partits com Podem, fins al procés sobiranista, acabant amb la sacsejada planetària que suposa el canvi climàtic. Transicions en marxa, processons com la dels dirigents polítics espanyols que van a veure el rei com qui en un joc d'estratègia amaga o ensenya les cartes. Que hauran de definir qui se sacrifica en benefici de què.

Tot són indicis de canvi, des de les erugues i la calor hivernal que ens marquen aquest daltabaix del clima, fins al «caloret» de la Barberà que ha vist com desfilaven davant del jutge, i un rere l'altre, tota la seva gent de confiança. I les hores que avancen implacables, esperant que es completi la transició.

Trobar-se

30 de gener de 2021

Camino desvagat, fent temps pel polígon de les Gavarres de Tarragona. L'urbanisme de patró americà situa fora de les ciutats aquesta barreja de serveis, comerç i oci de grans superfícies. I que el trobem repetit arreu del país, fins i tot amb els mateixos plànols, proporcions i establiments. Concessionaris de cotxes, bricolatge, esport, electrònica, animals de companyia, hamburgueses, frankfurts, woks, italians i mexicans, i multicinemes. Una comissaria dels Mossos i aparcaments arreu. Buits, és clar. Està tot pensat pel cotxe, i ara no hi ha qui circuli. Extensions enormes d'asfalt en unes terres que abans havien sigut grans finques de conreu. He fet un cafè abans no haguessin de tancar per les restriccions de la pandèmia, i he passejat, m'he perdut. L'escriptora i activista Rebecca Solnit té un assaig sobre l'art de perdre's on reflexiona sobre les diferents maneres que tenim de perdre'ns. Sortir del camí traçat i passejar per territoris que no surten als mapes, alliberar-se de les rutines i escapar del productivisme. Jo ho he fet, topant com la vaca cega, amb uns rètols que em deien que només atenien comandes fetes per internet, o amb peticions de certificats professional del ram de la construcció, o amb l'última tecnologia amb pas restringit per cintes adhesives. Anant d'un lloc a l'altre, creuant aparcaments que esperen que s'allunyi la pandèmia per recuperar el sentit. M'assec a prendre el sol fins que un autobús s'atura just davant meu deixant-me a l'ombra. Mira que és immens aquest món, i no cal dir aquest polígon. Com diu Solnit perdre's per trobar-se, però si pot ser, que sigui a un mateix!

Objecte de record

6 de febrer de 2011

Al mòbil hi tinc un missatge de Susana Olmo. És del mes de novembre, i em diu que la nena, l'Anna, se m'assembla. Respon a unes fotos dels bessons que li havia enviat prèviament via SMS. No gosava trucar-li perquè ja feia temps que patia un càncer de pulmó que es va complicar i d'altres amics comuns em van suggerir que m'hi comuniqués d'aquesta manera. Susana Olmo va morir dimarts. Tenia seixanta anys. Era una periodista de l'agència Colpisa, d'aquelles que van viure el 23-F des de la tribuna de premsa del Congrés dels Diputats. Que va fer la transició en una època en què els mitjans estaven per la democràcia, i en què polítics i periodistes aprenien l'ofici. Coneixia tothom. Els actors del canvi.

La vaig conèixer a Madrid, a finals dels vuitanta, en l'etapa de corresponsal de Catalunya Ràdio, i era impossible no tenir-hi una bona connexió. L'obsessionava la feina ben feta, i que l'entengués el lector de Burgos; i el de Tarragona, m'hi afegia. Quins farts de riure!

Ara tinc un missatge al mòbil d'algú que ja no hi és, i una sensació estranya.

És clar que per casa corren fotos del pare i de la mare, que fa anys que han mort. I una llibreta que mon pare es va endur al front al començar la guerra civil, on anotava guàrdies i febres. La imaginació intenta reconstruir les seves hores.

Aquest quadern, que vam trobar per casa endreçant records, les pàgines i el traç de la seva lletra, agafen una altra volada cada vegada que el repasso.

El missatge de mòbil, en canvi, em pica en la memòria d'una manera diferent. Abona el vertigen. Perquè se m'apareix, com acabat d'escriure. I no és un objecte, és clar. És un missatge barrejat amb una pila més que qualsevol dia acabaran esborrats o que es perdrà al canviar de telèfon.

És un record «digital», i, maldestre, tinc la sensació que fins i tot un dia tocant un botó l'acabaré eliminant. I és clar, potser la mort és una aurora, com diu Elisabeth Kübler-Ross, però eliminar algú, encara que soni asèptic, és més dolorós i cruel.

Processionària

7 de febrer de 2015

El llegir ens ha fet perdre l'escriure. Capficats en el procés, la processionària s'ha desbordat com mai aquest any. Potser la neu que ha paralitzat mig país contribuirà a aturar la plaga. Aquest any n'hi ha més. Però moltes més. Des del cotxe estant es veuen les bosses característiques d'aquesta eruga, i es veuen en excés, en nombre superior a l'habitual als pins, arreu del país. La processionària passa l'hivern en aquestes bosses que tenen l'aparença dels núvols de sucre que venen a les fires dels pobles quan hi ha festa major. És clar que s'hi amaga un regust més cru i picant. En aquestes bosses d'on les erugues surten de nit per cruspir-se les fulles de l'arbre que les aguanta, i que acabaren debilitant-lo i afectant el seu creixement, hi ha la sorpresa primaveral. A finals de març les erugues baixen dels pins o dels cedres i surten en processó a buscar lloc sota terra per enterrar-s'hi, fer el capoll i esperar a l'estiu en què les papallones iniciïn de nou el seu cicle vital. Just en plena processó és quan són més vistoses. I és just també quan la temptació de criatura és mirar de trencar aquesta filera amb una branca o un bastó. Fer-les perdre la guia d'una femella que va al davant i que té el full de ruta clar. Com si es tractés d'un cactus en moviment, el camí que fan m'esborrona. Ara mateix ja tinc la pell de gallina. Tot em ve de les explicacions que em donava la mare, que quan era petita li va caure una bossa d'aquestes al clatell. Vinga a córrer tots per evitar que aquella urticària li fes més mal que la picor dels pèls de les erugues. Perquè és clar que aquest contacte pot ser molt perillós, pels ulls i en persones al·lèrgiques. Doncs aquest any les bones temperatures de la tardor han facilitat aquesta sobrepoblació. La plaga de les erugues se suma a la dels senglars, a la dels lladres de coure. Només falta una pluja de granotes, tàvecs en acció i els amics de sempre per arribar a les deu plagues d'Egipte. Potser els haurem de consultar com s'ho van fer per superar-ho i fer una esmena a la nova Constitució.

La mentida versemblant

11 de febrer de 2012

Per què agrada tant de dir mentides a la gent? Deu ser perquè la mentida és més agradable que la veritat. Què pots esperar de la realitat? És molt millor explicar fantasies, pintar l'existència per fer-la una mica més atractiva. Perquè és clar, quina és ara mateix la realitat? Que no hi ha feina, que no hi ha forces, que no hi ha on refugiar-se? Per què la volem la veritat, si no es pot viure? Aquesta és una reflexió d'*Els baixos fons*, del Màxim Gorki de fa cent-deu anys, posat al dia per la Carme Portaceli i l'Albert Tola. La podeu resseguir a la sala petita del TNC, convertida en un vestíbul de metro que serveix de refugi a la rastellera de víctimes del sistema. O al sortir, al carrer Casp, per exemple, on els indigents de veritat dormen sota mantes que no són d'atrezzo. És clar que és actual la proposta, i crua. A la política del present també li costa dir la veritat. Ens agrada que ens menteixin com a Johnny Guitar, que ens diguin que ens estimen i que ens han esperat tots aquests anys. Per això Rajoy i ministres diuen les veritats a Brussel·les com qui no diu re. Les capten les càmeres en falsos descuits. No parlen clar, però se'ls entén. Gràcies als lectors de llavis, als venedors d'audiòfons i als oracles sabem l'agressivitat que s'acosta. La que ens farà més flexibles i ens pot enviar en qualsevol moment als baixos fons.

Les mitges veritats m'han recordat el final de Gorki i la gran mentida de Stalin. Pels expedients del KGB sabem que el règim soviètic el va envoltar d'agents-intel·lectuals perquè influïssin en ell i no se'ls escapés de les mans malgrat que elogiava les purgues. Van eliminar el seu fill «tirat damunt la neu amb una bona borratxera», i el cap de la policia secreta Iagoda va amenaçar i donar ordres específiques al seu metge Kriutxkov: «Formi corrents d'aire fred, Gorki és vell, i morirà aviat». I, efectivament, del calfred a la pneumònia va ser qüestió de dies. Però malgrat tot, ara hi ha esperança, la necessitem. Ho apunta Carme Portaceli al TNC. Hi ha llum, hi ha futur si tens principis, comprensió i sentit comú. Vaja, deu ser si dones un aire de versemblança a les teves mentides o si t'empasses les veritats insinuades a pleret.

Carnaval subvertit

13 de febrer de 2013

Instal·lats com estem en un carnaval permanent, ja fa massa temps que Carnestoltes no fa mal. Quin sentit té l'exercici de la subversió del poder, la mofa de les veritats establertes, si és el mateix poder qui no para de subvertir la funció que té assignada? Com volen que la festa no desdibuixi el perfil propi, la ironia local, i acabi buscant recer en les fórmules del pèl i la ploma carioca? Com pot ser que ens escandalitzin uns pits de calendari de camioner o els d'una geganta, si l'escàndol constant ens ve en forma d'apropiació indeguda? L'essència del carnaval del 2013 passa pels excessos en corrupció. Però, què volen que faci el bufó del rei si el monarca li ha pres la feina, si és ell, i els reietons de cada cort, els que se'n fumen, de serfs i vassalls? El joc de l'ambigüitat, de la màscara, de l'aparença, ja no va entre dijous gras i l'enterrament de la sardina. El Carnaval queda per a les escoles, perquè els més petits duguin un mitjó de cada color o la cara emmascarada. A tot estirar els catalans servim per a la rialla andalusa. L'esperit de Carmen Rico-Godoy ha agafat cos en els versos d'una *chirigota* de Cadis. Ai si la delegada María Llanos de Luna veu onejar l'estelada damunt l'escenari d'una ciutat constitucionalista, allà on es va engendrar la Pepa, li agafarà un cobriment de cor! Això i quatre caretes presidencials a les rues, això és el que queda com a distracció popular.

Mentrestant, Urdangarins, Bárcenas, Millets i assimilats fan la seva. L'engany, la impostura, l'emmascarament, el viure en un prestigi fals, el frau, han passat de ser una disfressa a ser un uniforme. És l'art humà del fingiment, de la mentida, que deia Nietzsche. Amb això, uns quants s'han arreglat la vida i ens han usurpat aquesta joguina de carnaval, aquesta disfressa que ens permet ser el que no som durant unes hores o uns dies. La distorsió de la veritat, les veritats a mitges, la falsedat parcel·lada, que capten els micròfons oberts, com el cas de la directora de l'Agència Tributària espanyola, Beatriz Viana, que encara no sap ni què ha dit sobre l'amnistia fiscal. Quin joc de despropòsits tot plegat!

L'abraçada

13 de febrer de 2016

Una abraçada que reconforti, que ens doni força i escalf a la vegada. I potser arribar a l'últim nus de l'abraçada, un petó tímid, lleuger, que es transforma en cerca constant dels nostres dubtes. Només amb això en tenim prou per tirar endavant en aquest hivern d'estiueig. Fins la propera abraçada. El gran Roc Casagran ens parla del risc, del bo i dolent, de la melangia, de l'amor foll i animal, en una història sense cadenes ni vassallatges, de cop de puny a les entranyes, a la seva novetat literària, *L'amor fora de mapa*. Una ficció ben real, ben versemblant. També aquí canvien els codis, no només en el ritme climàtic.

Àngel Guimerà que va fer protagonista a Maria Rosa, aquesta de Carlota Subirós que encara podem veure al TNC i després en gira per Catalunya, també situa l'amor fora del mapa. Per bé que la història, que conté una gran dosi de drama social, passa el segle passat durant la construcció d'una carretera a Solivella, a la Conca de Barberà. En tot cas, fora del mapa hi ha el desig que trasbalsa i que capgira i arrossega els motors de l'acció escènica: Mar del Hoyo i Borja Espinosa. «Un desfici desbocat, un qüestionament ardent. Per quina llei fatal el desig esdevé destructiu? Quin plaer trobem en el patiment? Per què ens xucla la serp?», es pregunta Carlota Subirós.

Hi ha un espai on la raó no hi pot entrar. I això dit l'endemà que s'hagi donat la raó a Einstein, a la seva teoria de la relativitat, i que s'hagi certificat l'existència de les ones gravitacionals. Els llecs en ciència ens hem de creure que sí, que comença una nova era per l'astronomia i que ens replantegem l'univers. El senyal detectat per científics dels EUA procedeix d'una fusió de dos forats negres que va passar fa mil tres-cents milions d'anys. L'imperi de la raó celebra la intuïció d'Einstein. Però tot i la descoberta, nosaltres ens seguim buscant dins i fora del mapa, el de l'amor, el del desig, on no hi ha raons ni racionalitat possible. On l'abraçada i el bes generen les ones gravitacionals que ens fan sentir vius. Seguirem explorant.

El vailet

13 de febrer de 2021

Ara fa just una setmana, el 6 de febrer, vam anar a veure *The Kid*, el vailet, per commemorar que aquell dia en feia cent, d'anys, de l'estrena d'aquest clàssic del cine mut. Charlot en el seu màxim esplendor i Jackie Coogan, el nen que va marcar tot un model pels futurs nens actors. La seva tendra imatge abraçats és un dels pòsters més penjats a les habitacions, quan penjàvem pòsters. Difosa i escampada arreu. Em feia gràcia poder anar al cine a veure un llargmetratge mut, en un temps capgirat per la pandèmia en què la tecnologia ocupa tots els àmbits de la nostra quotidianitat, i en què entre teletreball i plataformes de streaming i limitacions, sortir de casa per anar al cine és gairebé un fet insòlit. Ho vaig viure com una festa, com una mena d'homenatge al mitjà, a totes les històries que hi hem vist. Em pensava, il·lús, que aquesta vegada, amb una pel·lícula muda em lliuraria d'aquell volum eixordador que hi acostuma a haver a les sales d'exhibició. Però no. *The Kid* és muda però té música. I sonava a tota castanya. Veia Charles Chaplin movent-se com tantes vegades l'he vist, fent-me riure i plorar. I pensava en el Chaplin apàtrida, en el pària jueu, el no assimilat, fora de les regles de la societat per poder acceptar plenament la pròpia identitat i reflectir l'existència política de tot un poble. Una tradició cultural amb Kafka, Heine, Chaplin, amb l'Hannah Arendt, que reflexiona sobre això, i de qui ara s'han publicat un seguit d'escrits, *Participar del món*, de quan s'exilia als EUA fugint de la barbàrie. Cent anys, de rialles, i aquest rerefons de barbàrie que no ens abandona per molt que la tecnologia ens segueixi enlluernant a cada innovació, com un bon esmorzar enlluernava el vailet.

Gràcies per la propina

18 de febrer de 2012

La meva experiència amb la propina és irregular. I això que he viscut a banda i banda d'aquest gest. L'he rebuda i n'he donat. Ho he viscut millor quan l'he rebuda, en contra del sentiment general que sempre és millor donar que rebre, perquè la generositat acaba revertint a qui l'exerceix. També hi ha qui no n'accepta. Ja sigui per norma de l'empresa, que ja paga prou bé els seus treballadors i no vol posar en un compromís als potencials clients, ja sigui perquè creuen que és un atac a la dignitat laboral.

És clar que també hi ha llocs on la propina justament complementa i arriba a ser una part important del sou. Recordo un cambrer de San Diego, a Califòrnia, que em va muntar el número perquè el que li havia deixat no arribava al percentatge mínim. La seva indignació i esbroncada encara se m'apareix en somnis. A Madrid, on la propina també forma part del paisatge urbà, mirant de trencar el tòpic del català garrepa, vaig arribar a donar propina a la caixera d'un cinema, i encara riu ara. Acomodadors, cambrers, perruquers i taxistes són susceptibles de rebre aquesta mena de recompensa aleatòria lligada al tracte, la simpatia o la condició de cada feina. La propina ha anat a examen aquesta setmana. Hi ha anat la de l'Espinàs, i no pel temps afegit, sinó perquè un article seu sobre la crisis i la propina ha estat matèria d'examen i redacció pels alumnes de 4t d'ESO.

La recessió ens fa tornar enrere. I en l'àmbit de la xavalla tornem a veure els neteja vidres fent cors de sabó als semàfors, i captaires als trens de regionals. I de les petites quantitats a les grans xifres. Mireu quines picossades que s'enduen els directius de caixes i de grans empreses, com Spanair, quan se'n van en orris. D'això se'n diu una senyora propina. I si parlem de les finances públiques i de la relació entre l'administració de l'Estat i la de la Generalitat també sembla com si visquéssim de la propina. Pendents de què ens cau, de si hem estat prou atents i simpàtics com per merèixer que facin el gest. S'ha vist en la visita de la ministra de Foment Ana Pastor, que tot i reconèixer que queden per pagar més de cinc mil set-cents milions d'obres de l'anterior govern, de moment res de res. I si t'encantes, tot anirà pel corredor del mig. El del Mediterrani es deu haver de finançar a base de propines.

Creïble

21 de febrer de 2015

Les coses no cal que passin, només cal que tinguin versemblança. Als mitjans de comunicació, on amb el nostre relat acabem construint una realitat paral·lela, en sabem força, d'això. I a la política, també. No cal que la carretera estigui acabada, cal que hi hagi càmeres i fotògrafs al moment de tallar la cinta. La pregunta per la veritat ve d'antic. Ho deia Plató: «El més savi entre vosaltres, oh homes, és aquell com Sòcrates, que sap que quant a saviesa no val res». En la seva apologia de Sòcrates, Plató va reproduir els discursos del seu mestre, o per contra, compongué una obra de lliure creació? L'enginy de l'engany és arreu, i de fa segles. Quanta veritat necessita l'home?, es pregunta Rüdiger Safranski. I respon: «Les grans veritats ajuden l'home, però també poden dur al dogmatisme i al totalitarisme». I Eduardo de Filippo, feliçment de nou entre nosaltres gràcies a Lluís Homar, ara al TNC a *L'Art de la Comèdia*, ens posa a prova en l'exercici de saber on és la veritat. Un inquietant homenatge a Pirandello on no acabem de saber si el metge, el mossèn, la mestra, el farmacèutic o la parella de rústics ho són de debò o són els actors d'una companyia amb problemes econòmics, que dirigeix Oreste Campese, alter ego del gran Eduardo. Tots desfilen davant del nou prefecte provincial, el paper de Joan Carreras, que uns minuts abans qüestionava el sentit social del teatre. Gairebé com el ministre de l'IVA cultural. La conclusió és que tot el que passa damunt l'escenari és cert, al marge de l'autèntica identitat dels éssers. De Filippo hauria de ser teatre obligatori, com deia Karl Valentin. Però és que la coincident cerca de la veritat duu a l'Espai Lliure *Joc de miralls*, d'Annie Baker, que també planteja un exercici metateatral, on fa caure les màscares per descobrir quines persones hi ha rere la interpretació. Teràpia d'altíssim nivell teatral que ens manté viu el neguit de la veritat, aquesta que no és creïble. Ja ho deia Mourinho, que a Catalunya ens agrada el teatre, i ja ho deia en el sentit de fer comèdia, de falsejar la realitat. Deu ser del temps que fa que busquem la veritat.

Pep

21 de febrer de 2018

Sentir el gust i cruixir d'un bon plat de «pataques» fregides i un ou ferrat al damunt, mentre es desfà el rovell i les remulla. I això després d'haver degustat un cop més el conill a les herbes de la Mussara que feien a l'Aleixar. Aquest era un dels darrers fixaments de mon germà Pep. Li vaig haver d'aclarir que allà on aquest conill era excel·lència, al casal La Unió, ja han deixat de fer-lo. Ho deia amb una il·lusió gairebé infantil, amb aquell somriure que tenia sempre clavat a la fesomia (tret que no estigués governat per algun moment de profunda mala llet, que també la tenia). En l'essència del gust, del paladar, un sentiment tel·lúric. Aquella manera de fer que perseguia que el seu interlocutor se sentís còmode, confortable, tenia aquests fils que pengen de la sensibilitat que pot passar tant per un ou ferrat, o per un arròs amb bacallà, com per un gran vi o un cigar de fum espès. Presència i generositat, disponibilitat i magnetisme. Formen part de ben segur de molts dels aspectes de la personalitat del meu segon germà, darrere de l'Esteve i abans de la Pilar Graset. Som dos de grans i dos de petits. Em duia quinze anys amb el meu germà Pep, que l'ha vessat als setanta anys. I ara el seu espectre se m'apareix tant arribant amb un tren de joguina com convidant-me a un partit del Gamper, que tenia regust de premi, després de treballar l'estiu als apartaments de La Pineda, on ell anava veient com avançava la informàtica, com canviava el model d'ordinador, i l'evolució turística de la Costa Daurada, de la qual el nostre pare Esteve va ser un dels «pioners». Gust per la música, van fer els Pau's de Vila-seca, pel teatre vam fer La Tramoia, pels llibres, per la bona vida es destil·la i transfereix. S'aprèn, sense perdre de vista d'allà on venim, de la condició humil del regust de la cuina de l'oli, del matxo a l'entrada de la casa vella, i aixecant la mirada nord enllà on la gent diuen que és neta i culta. Amb el crit com a cant. Ara el silenci és vital. Ara toca una abraçada com a gest de consol, que, tal com diu Joan-Carles Mèlich a *L'experiència de la pèrdua*, «expressa presència gratuïta, silenciosa». I no hi ha consol sense desolació, sense lament, un lament infinit. I tant que hem rigut, i tant com plorarem.

Cent anys

22 de febrer de 2014

En el llibre d'absències personal hi he d'anotar aquesta setmana la Maria Rovira Llauradó, cosina de ma mare que el dia 3 de febrer havia complert els cent anys d'existència. I gairebé com si només hagués estat motivada per creuar aquesta meta centenària, ha tocat cau i ha marxat. La Maria Rovira ens ha deixat a la seva filla Maria del Carme, que podria redactar un capítol sencer de la Llei de dependència, i a tots el record d'un somrís permanent, calma enmig de flors, raïm, conills i gallines. Amb algun afegit llépol, un pastisset o una orelleta de gat. En cent anys ho ha vist passar tot, el seu tot, és clar. Perquè cadascú viu la seva totalitat atzarosa. Una successió d'esdeveniments que s'ajunten i integren i on segur que hi ha aquells moments en què el cor ens diu «Voldria que aquest instant durés sempre», com ens recorda Antoni Marí que escrivia Rousseau. I aquest joc entre la voluntat de persistència i una limitació biològica, una vida finita, és l'estira i arronsa quotidià, mirant d'acumular felicitat, per imperfecta que sigui.

L'exercici de la persistència ha arribat ara al debat sobre els establiments centenaris, donat que a finals d'any s'acaba la pròrroga del lloguers de renda antiga. A Barcelona on, n'hi ha més d'un centenar, finalment s'ha decidit, potser massa tard, posar en marxa un pla per preservar el comerç emblemàtic. Preservar façanes, interior i a poder ser l'activitat, per aturar la sagnia urbana de perdre botigues com Joguines Monforte de la plaça del Pi, o el Colmado Quílez, per esmentar dos casos.

Ens movem entre el dret del propietari i el de la identitat ciutadana. En temps de comerç global, trobes les mateixes franquícies arreu, fins el punt de no saber ben bé si ets a Barcelona, Amsterdam o París. D'aquí que necessitem aquesta defensa de la singularitat, per evitar que passats els cent anys ningú sigui capaç de desitjar que l'instant feliç, passat en qualsevol d'aquests establiments centenaris, o a la ciutat que les acull, duri per sempre.

Peix al cove

25 de febrer de 2012

L'agafo amb els dits, una mà a la cua i l'altra al cap i com qui s'acosta una harmònica als llavis, clavo una queixalada suau a una carn que segueix i va despullant l'espina central. Les laterals les he retirat prèviament, però em dol perdre contingut. Em cruspeixo una palaia. Una darrere una altra. I s'esperen els llucets i les mòlleres, i cau alguna bruixa. Sopo peix fregit amb quatre llesques de pa amb tomàquet, amb bon oli i la sal que cruix. Necessito la presència i el gust de les palaies a taula. El peculiar color torrat i aquest cap esclafat, un cos tot silueta i ulls trepitjats, em reclamen només entrar a la peixateria. És clar que la vista no dona l'abast. Soc un home boig. D'aquest peix humil, inofensiu, a la lluïssor dels llobarros, a les cues de rap amb pell de mitja i als aristòcrates llenguados. Al blanc rosat de pops, calamars i cananes, o la sèpia ennegrida, embrutida per la tinta que ha suat. I les galeres que fan una passa endavant i no volen ser només comparsa de cintes i crancs per fer fumets. I la rajada que amb uns fesols i un parell d'alls fan els dies feliços, per ser escrits amb les seves espines cartilaginoses que semblen fetes per nodrir la BIC de tubs pels seus bolígrafs, de taronja o de cristall. La plata de la sardina i del peix del nord que amb la davallada de consum dels restaurants inunda Mercabarna i les peixateries catalanes, topa amb el roig enfosquit de la tonyina, el carabassa rotund del salmó i el rosa trencat dels molls. I els llamàntols emmanillats són joguina de corda, dia sí dia també serveixen per demostrat que tot és molt fresc. La peixatera els engrapa per la closca i ells, amb totes les potes en dansa, fan mèrits per saltar a la pista del Cric, el Raluy o el Soleil.

I l'espectacle continua amb escamarlans o gadegangs, llagostins i gambes enceses. I què fa aquest turbot tacat de blau? Peix al cove. Peix fregit que escampa aromes pel replà de casa. Després de les palaies segueixo amb els llucets i les llúceres o maires lleument enfarinades.

Al tercer volum de les seves memòries el President Pujol explica el significat de la política del peix al cove: anar aconseguint coses concretes d'un projecte global. «No és tot el que volem, però de moment tenim això». S'entén. Anem omplint el cove de mica en mica. A risc de trobar-nos un dia amb tot el peix venut.

Soc Solsona

28 de febrer de 2015

Encara haurem d'acabar fent una campanya de l'estil *Hebdo*: jo soc Solsona. Per defensar la paròdia, la festa, per defensar el carnaval solsoní. Un dels més singulars. Amb música: «el Bufi». I amb seguici festiu propi: els gegants bojos, el Xut, el Conde de l'Asalto, el Pep dels Oriols, el boxador Olímpic, els nans... amb les colles diferenciades per una bata. I la penjada del ruc amb una corriola fins a l'extrem d'una torratxa. Mofa de la llegenda que diu que en temps de sequera va ser la fórmula emprada pels pagesos de la zona per alimentar l'animal en l'únic punt on hi havia llacsons. I que pixa damunt de tothom que gosa passar per sota. Aquest any que he tingut el goig de ser el Mata-ruc d'Honor, que és qui acaba tibant de la corda mortal, amb el Ramon, president de l'Associació de Festes de Carnaval, marcant el ritme de l'estrebada. Els garanteixo que és una de les millors festes del país. Organitzada per gent amb empenta, sana i il·lusionada. I resulta que ara són sota la lupa de la fiscalia per presumpta incitació a l'odi. No tot s'hi val. L'arribada del rei Carnestoltes enmig d'una recreació bèl·lica al so d'*Els homes de Harrelson*, que lògicament pot ser tan criticable com que algú es disfressi de bisbe, de Wally o de maki japonès, ha afectat Manos Limpias, el ministre de l'Interior i la rècula habitual. Les xirigotes de Cadis, que inciten a l'odi els catalans de manera sistemàtica, en canvi, deuen ser considerades material pedagògic. Dir que Catalunya «*ha sacado tajada*» d'Espanya i que els catalans són «*patanes*» o «una merda de dictadors» per ensenyar català deu ser digne de lloança. Això no altera la sensibilitat del senyor ministre, ni de les entitats i partits que aposten per la convivència. Ja és ben bé que el món està capgirat, Carnaval inclòs. Potser sí que ha perdut el sentit, ja no serveix ni de vàlvula per fotre's dels poders ni del seu relat. Perquè els que se'ns pixen a sobre de debò són ells, i ens diuen que plou perquè es pensen que som rucs.

La mirada de l'altre

3 de març de 2012

Amb una fesomia de pansa, dues tatxes per ulls i unes ulleres que s'han quedat encastades en tres canvis de moda, és a dir, que no són ni de pasta ni de vidre a l'aire, que són metàl·liques i quadrades, un home petit em demana caritat al tren. No diu res, només allarga la mà, que m'arriba després d'una bafarada d'alcohol. D'aquell que supera els beneficis del cor. Ja li cal tenir-lo en forma perquè, de fet, no acaba mai el seu trajecte fins a Barcelona. Puja i baixa del comboi, va amunt i avall, amo i senyor de tots els projectes de corredor del Mediterrani, i pendent que no l'enxampi el revisor.

Aquests dies té competència. Un home veloç, que fa una mena de joc de la botifarra a tot el vagó, reparteix cartes a tots els viatgers. Les deixa al braç del seient. Són plastificades i hi explica que no té feina però que té tres filles, i que si podeu afluixar la mosca, cantarà contro, recontro i Sant Vicenç! I al cap d'una estona les passa a recollir, i se'n va a provar sort a un altre vagó.

Un home descalç, però amb mitjons, repenja el peu allà on s'encaren quatre seients. Se li ha inflat el dit gros, perquè les sabates li van justes. Recrimina aquests captaires i un passatger que s'ha posat dret perquè això li altera els nervis. Ell no amoïna el passatge del regional, diu. Ven mocadors de paper al cap i casal, i tot el que guanya ho dona a sa mare o ho reinverteix en desplaçaments. Així ho explica en veu alta, i interfereix el present del mòbils per a tothom.

Són tres exemples, tres perfils, i en sortirien més: homes que ofereixen poesia o música als vagons de tren; i si Brussel·les no ens rebaixa els objectius del dèficit, aviat tornarà aquell que et recorda que és més trist robar que demanar. Exemples de la dificultat del rostre de l'altre, la dificultat de la mirada per afrontar aquestes realitats, aquestes vides i destins *subpirmi* que t'apel·len i et sotgen per un euro. Emmanuel Lévinas i Xavier Antich, Sòcrates i Kant ens ajudaran a establir la relació ètica en aquest cara a cara quotidià i sobre rodes de ferro. I posats a fer, si la Renfe i Adif no s'espavilen, els trencarem el contracte com ha dit el conseller Recoder aquesta setmana, i ens quedarem els trens i els perfils com qui fa una dació en pagament.

La subversió

3 de març de 2019

El moment de l'any de realitat estrafeta, de la farsa als carrers és ara, és Carnaval, és la festa del rei Carnestoltes. El moment de subvertir l'ordre institucional, en què el boig és el rei, i en què la paròdia s'apodera d'altars i trones de tota mena i condició. Aquest és el llegat carnavalesc medial. Aquestes festes podien arribar a durar mesos segles enrere, però la civilitat actual mira de comprimir-les en un cap de setmana, i la sardina enterrada un dimarts no té el seguici de dol com per generar tumults.

La civilitat, l'ordre, el control fins i tot de les passions desfermades i de la burla que toleren els «poders» ha anat evolucionant, per bé que ja fa anys que tinc la impressió, i possiblement ho dec compartir amb bona part dels lectors, que el grotesc, esperpèntic i divertit ha ocupat les instàncies del poder clàssic.

De manera que si volguéssim fer un Carnaval del segle XXI, amb l'ànim de subvertir el dia a dia, d'aplicar un mirall que fos el negatiu fotogràfic de què ens passa, seria més ajustat que aquest cap de setmana féssim uns exercicis espirituals o sortíssim en rua disfressats d'homes i dones honrats.

En canvi, serà fàcil trobar pels carrers algú que vagi amb una màscara de Donald Trump, i encara alguna de Tejero i de guàrdia civil.

Un altre component festiu, a banda del de la broma, és el de l'exhibició del cos, amb aquesta inspiració de la tradició carioca, sitgetana, canària i caribenya, dels vestits de lluentons, plomes, de reines de Carnaval dentades i rialleres. El poder de l'escot màxim, del reclam sensual del plaer superant les convencions.

Aquest any el Carnaval coincideix amb el judici del procés de l'1 d'octubre, i xirigotes de Cadis a banda, també és en l'ambient, també és en el dia a dia. El seguiment que en fem a Catalunya, gairebé com en una sèrie televisiva, ens ha fet entrar en aquella sala del Tribunal Suprem on el ritual, els codis de relació entre magistrats i la resta de la humanitat, el mobiliari i els ritmes semblen ben bé d'una altra època. Però no hi deu haver res a l'atzar. Des del fet que s'utilitzi una taula diferent de la dels encausats perquè puguin declarar els testimonis (així s'ha estalviat Mariano Rajoy una foto que hauria semblat el que no era, tal com va passar amb el cas Gürtel, quan va fer instal·lar una taula a la mateixa alçada que les del tribunal), com amb el fet que el jutge Marchena ja no vulgui que s'emetin vídeos com a prova documental.

Això va passar aquest dijous, l'endemà que Mariano Rajoy s'hagués d'empassar les imatges de la brutalitat a Sant Carles de la Ràpita, amb les forces desplegades atonyinant els votants de l'1 d'octubre a tort i a dret. Rajoy va emmudir, i ara el que ha emmudit és la projecció de vídeos. Les mostres documentals que ensenyen als seus responsables polítics què van fer els seus policies a força de pilotes de goma, gasos lacrimògens i cops de porra. I els mostra què van fer ells mateixos, tot i que ara semblin perduts en una mar d'ignorància irresponsable. Vuitanta-sis milions d'euros i més de sis mil agents policials i guàrdies civils desplaçats, i no hi a ningú que assumeixi l'ordre de les bufetades. Aquest dilluns quan, anant baixant esglaons de responsabilitat, arribem més a prop dels *«operativos»* potser ho acabarem d'aclarir. Si és que el judici aclareix res que no sigui acompanyar de gestualitat judicial l'escrit de l'instructor Llarena i el seu dibuix tumultuari, ara conegut com el de les muralles humanes. Aquests dies ha sortit publicat el llibre d'Éric Vuillard, *14 de juliol*, on reexplica la Revolució Francesa, que acaba suggerint que hauríem d'obrir més sovint les finestres: «Quan el temps és massa gris, quan l'horitzó és massa lúgubre, hauríem d'obrir els calaixos, trencar els vidres a pedrades, i llençar els papers per la finestra». Vols dir que el Carnaval haurà servit per desfogar-nos?

La destrucció vital

5 de març de 2022

Schalansky sí, i el seu *Inventari de coses perdudes*, un dels llibres més meravellosos d'aquests últims mesos, que fa de la desaparició una veritable troballa.

L'inventari s'eixamplarà fins ves a saber, perquè en una guerra potser alguna es pensa que hi guanya, però tots hi perdem. Què és busca i què es troba?

L'espiral de destrucció, l'espiral de mort, que tan bé va escriure Mercè Rodoreda al seu *Quanta, quanta guerra*, fa molts anys que ens acompanya. I en aquest arxiu de guerres en tenim per triar i remenar. I la història que ens les explica serveix per fer de mirall, per fer comparatives, per saber si Putin i la seva dèria destructiva ens ha dut al 1938 o ens ha dut al 1917. O si sent al 2022 com som, no hem estat capaços d'aprendre la lliçó.

De fet, els exercicis de manipulació de la memòria han estat la base argumental de la seva guerra, i tampoc es pot dir que a Kíiv l'hagin respectada massa, la memòria. En tot cas, diu Judith Schalansky: «Qui pretén controlar el futur, ha d'esborrar el passat, és la cobejança de tots els tirans». D'aquells que s'autoproclamen fundadors d'una nova dinastia. I aquest és el joc de Putin, fer allò que no poden fer els déus. Com deia el poeta tràgic Agató, que coneixem gràcies a Aristòtil, i que recull «l'inventari»: «Ni tan sols els déus poden canviar el passat».

Però mentre pensem en tot això, i intenten entendre-ho amb mapes al davant, hi ha gent que mor sota l'impacte de les bombes, gent que fuig de casa. Vides estroncades novament davant d'un fracàs de la política, de la diplomàcia, perquè és clar que cada guerra és un fracàs. Aquests són temps de mort, temps d'absència, de pèrdua. Viure significa experimentar pèrdues. I com també apunta Schalansky: «Sense dubte, la desaparició de tota vida i obra és la condició inherent a la seva existència. Naturalment, només és una qüestió de temps que tot desaparegui, que es desgasti i s'ensorri, que es destrueixi i s'arrasi». Llàstima que hi hagi qui vulgui fer de la destrucció la seva manera de viure.

De què rius, tu?

6 de març de 2011

L'humor, com la poesia, és a tot arreu. És clar que amb el pas dels anys ha anat canviant. L'humor actual és narcisista. És l'humor pop, que analitza en tot moment la conducta humana, disseca el seu ridícul i presenta a l'espectador el seu jo devaluat. I el podem trobar tant a Woody Allen com a Buenafuente, o a l'humor del Pepe Rubianes, que trobem a faltar aquests dos anys que fa que va morir. Som en una societat que ha estès l'humor a tots els àmbits, de la publicitat als informatius, però que també ha dissolt el riure sorollós i l'explosió d'alegria. Ara que som al pas de l'equador de Carnestoltes, es constata que en fem ombra del que era antigament el Carnaval. Vull dir a l'edat mitjana, en què aquestes festes podien durar fins a tres mesos i que servien per subvertir les lògiques. El sociòleg francès Gilles Lipovetski ho va estudiar, al seu llibre cabdal *L'ère du vide* (L'era del buit). Al Carnaval, amb la jerarquia invertida, el bufó és el rei. I el mateix poble que l'ha triat, l'injuriarà i l'estomacarà. Els bojos nomenaran un papa o un abat que cantarà tornades obscenes. Cremaran gats i introduiran ases a les esglésies. Aquest esquema carnavalesc ha deixat la seva petja, amb un cert riure unit a la profanació dels elements sagrats i la violació de les regles oficials. D'aquí ve que per aquestes festes vegem al carrer disfresses dels diferents estaments del poder, de les institucions clàssiques, de monges, guàrdies civils i banquers. Però el poble ara ho té més difícil. I no ja perquè l'humor s'hagi civilitzat. M'aventuro a dir que qui neutralitza la sàtira més àcida sovint és el mateix exercici del poder institucional, sigui en l'esfera que sigui: la política, l'espiritual o l'econòmica. Qui es riu de qui? Nosaltres disfressats? O aquells que reben la sàtira, la crítica, les víctimes de la ironia? Se'n foten els polítics, els corruptes, els magistrats, i els de l'Euríbor.

Els temps són durs, i els valors tous, sí.

Ara, per sort, no cremem gats. Però el poder ens crema a nosaltres, ja sigui amb benzina o sense.

Bacallà

9 de març de 2019

M'he cruspit els primers bunyols d'aquest 2019. Una paperina en un forn de pa, on el dolç sembla que no és mai tan dolç com en una pastisseria. Com si es treballés més a l'engròs, a diferència del refinat pastisser. Sigui com sigui, avanço pel carrer amb la paperina oberta i me'ls vaig cruspint mentre el paladar busca la crema que no tenen perquè són de vent. El sucre cruix a cada queixalada just a temps d'arribar a l'imperi de la sal. Entro a cal bacallaner i compro una penca que estigui prou dessalada com per fer-me-la per dinar. L'ànsia i la pressa ja fa temps que han arribat també a cal bacallaner, i la sal que conserva ens és un obstacle pel consum immediat. Posats a fer, agafo també un quart de cigrons i un quart de fesols cuits, i encara brandada, olives negres i tonyina de llauna, d'aquestes llaunes grans que tenen a la pesca salada. Surto al carrer i el vent s'enjogassa encara amb restes del confeti que omplia l'aire per Carnaval i fins l'enterrament de la sardina. M'he volgut endinsar en el primer divendres de la vella quaresma recorrent el paisatge i calendari gastronòmic que em va fer gran.

El miracle de fer reviure un peix conservat en sal té tota la seva tècnica. I després del Mobile, què millor que deixar la tècnica en mans dels tècnics: dels bacallaners que hi saben donar ritme i temps a base d'anar canviant l'aigua. El bacallà, amb l'abadejo, apareix citat ja en català en textos del 1575, i mai més ha deixat de brillar a la cuina, tal com passa en el triangle que formen Catalunya, País Basc i Portugal. El bacallà a la llauna era el plat per excel·lència de les fondes de Barcelona. Aquell punt vermell del pebre roig que afegeix color a l'oli i al bacallà enfarinat i torradet és una estampa. I el que es fa amb mel connecta amb l'edat mitjana quan, amb això de l'abstinència de la carn durant la Quaresma, el bacallà servia com a plat consistent. Quan més tard van arribar les patates, s'hi van afegir, o es va començar a cuinar el bacallà amb ceba, patates i allioli. I és clar que amb samfaina o a la catalana, amb panses i pinyons se'n deu consumir molt més. I cru, el bacallà esqueixat de l'escarola amb romesco o amb fesols és el que ens ha fet aventurar a tastar sense por els plats japonesos i peruans fets sense foc. No vull ni pensar en un bon arròs amb bacallà, amb espinacs i carxofa, com el que feia ma mare. Em veig a taula, de jovenet, escurant una espina de la mida d'una cullera. M'hi veig ara mirant de saber quin plat acompanya cada full de calendari, per acabar de saber ben bé qui soc i com m'he fet.

L'or i la febre

17 de març de 2012

En aquesta onada de canvi en la que estem instal·lats en què no hi ha res permanent ni immutable, només ens queda l'or. Sí, fixeu-vos que en el corrent de liquiditat que ens arrossega (el de Bauman, no el bancari), no queda ni el campanar com a referent. El ritme és vertiginós. No fa pas tant tenir una farmàcia, ser funcionari o un banc llogat en uns baixos eren sinònims de solidesa, garantia de continuïtat i de tenir la vida resolta. Però aquesta crisi ho fa trontollar tot, encara que el flamant ministre d'Economia De Guindos en vuitanta dies al govern ja tingui els seus brots verds particulars. Però el canvi que esmento es detecta anant pel carrer, forma part del paisatge de les nostres ciutats en el que dominen les reixes abaixades i els locals per llogar o vendre. La febre d'or fa que de nou Catalunya s'aparelli amb Califòrnia. I Barcelona és el San Francisco que atreia milers de buscadors d'or. Ara els buscadors no s'enfanguen, el compren directament a la gent que trenca la seva angoixa i vincles fonent les joies familiars. Arracades, anells, braçalets, collarets, penjolls i dents, tot el que tingui una traça daurada és susceptible de portar els diners a casa. I se'n necessiten per l'aigua, llum, benzina, receptes, turisme i tribunals. I se'n necessiten per halar. I apareix l'or, que sembla que no ha marxat mai, l'or com a refugi, com una mena de llims allunyats del mal i del bé. La febre de l'or del vallenc Narcís Oller ja retratava en aquell moment del segle XIX l'ascens de la nova burgesia financera i industrial catalana. Ara també hi ha febre però la «polsina d'or» ja no ho daura tot, ni pensaments, ni desigs, ni records. Anem cara avall i la febrada és més d'urgències. I els negocis de compra d'or que floreixen arreu amb una estètica d'immobiliària de platja i un grafisme de sabateria popular, animen la liquiditat (la de Bauman i la bancària). Ens arrenquen les nostres joies de les mans i del pensament. El camafeu de l'àvia, els anells de compromís, i les creus de Sant Jordi. Es fon tot allò que era més sòlid, per aconseguir líquid. És la fragilitat de la modernitat.

Pensaments de joguina

18 de març de 2013

Tindré pensaments de joguina. Tindré només pensaments de joguina. És una imatge poètica d'Osip Maldestam que va néixer a Polònia i que va morir executat sota el règim de Stalin per dir que «Vivim sense sentir el país als nostres peus, les nostres paraules no se senten a deu passes». L'epigrama contra Stalin, malgrat que durant un temps componia mentalment, sense deixar constància escrita dels seus poemes per por de la presó, va ser prou motiu per acabar amb tots els seus pensaments.

Torno als de joguina, i em pregunto si les persones som en les coses. Si les persones som en les nostres joguines. Quina part de la nostra vida és en aquests fràgils objectes, que miren d'acompanyar-nos en això de fer-nos grans, en això de créixer. Som en l'osset de peluix, mico, gos, gat o dofí de peluix? Company de coixí, rebregat, arrossegat per terra, però amic fidel. Som en l'heroi alat, sortit dels dibuixos, que ens convida a arribar fins a l'infinit i el més enllà? Robust vigilant de la nostra habitació, farcida de nines o d'una rastellera de cotxets que transformen els passadissos de casa en autopistes. Pilotes que peten contra portes, cuinetes que preparen àpats de plàstic. Trens que ens diuen que tot gira, que tot torna. Som en aquestes joguines, ens transmeten la seva fragilitat? Som en els jocs, que ens ensenyen a compartir, a encaixar, a calcular, a intuir, a apostar, a córrer, a arriscar?

Joguines trencades, apedaçades, refetes amb una punta de cola instantània, cada vegada que tenim una ensopegada. Jocs interromputs bruscament sense acabar de jugar la partida. En això som. Necessitats de continuar el joc, amb ganes de conei-xe'n tots els trucs i estratègies, i de dominar el nostre tauler. Amb ganes de viure ni que sigui sense sentir el país als nostres peus. Convençuts que les nostres paraules arribaran arreu. Sí, fins a l'infinit, el més enllà, com diu el ninot dibuixat. Pensaments de joguina adobats de llàgrimes de gran.